社交网络服务中信任对消费者购买意向的影响

尹成鑫 著

西南交通大学出版社

·成 都·

图书在版编目（ＣＩＰ）数据

社交网络服务中信任对消费者购买意向的影响／尹
成鑫著. 一成都：西南交通大学出版社，2020.1
ISBN 978-7-5643-7300-9

Ⅰ. ①社… Ⅱ. ①尹… Ⅲ. ①网络营销－影响－消费
者行为论－研究 Ⅳ. ①F036.3②F713.365.2

中国版本图书馆 CIP 数据核字（2019）第 288861 号

Shejiao Wangluo Fuwuzhong Xinren dui
Xiaofeizhe Goumai Yixiang de Yingxiang

社交网络服务中信任对消费者购买意向的影响 | 尹成鑫 著 | 责任编辑 张宝华
封面设计 原谋书装

印张 11.75 字数 191千	出版发行 西南交通大学出版社
成品尺寸 170 mm×230 mm	网址 http://www.xnjdcbs.com
版次 2020年1月第1版	地址 四川省成都市金牛区二环路北一段111号 西南交通大学创新大厦21楼
印次 2020年1月第1次	邮政编码 610031
印刷 成都蜀通印务有限责任公司	发行部电话 028-87600564 028-87600533
书号 ISBN 978-7-5643-7300-9	定价 68.00元

序

岁月不居，唯有变化不变。

1969 年，互联网诞生了，人类进入了信息时代。50 年来，互联网作为第三次工业革命的核心技术和主要载体，改变着经济的发展结构和方式，引发了新的全球竞争。从 20 世纪 80 年代的 1G 到今天的 5G，从只可以进行语音传输到带动多个万亿级规模新兴产业的发展，现代移动通信技术改变了个人生活方式，深刻影响着社会的发展。现在，互联网技术与移动通信技术相结合形成的移动互联网成为信息传播的重要载体和渠道，催生着新的时间观、空间观，培育着新的价值观、世界观。

1995 年，一批提供互联网应用服务的网站拉开了互联网工商业应用的大幕，传统贸易开始了电子化、网络化、信息化改造，电子商务时代正式到来。今天，移动互联网已然成为信息传播的主渠道，成为每个人生活中不可或缺的一部分。作为一种贸易工具，移动互联网能最大限度地满足市场端和客户端、供应端与需求端的双向、多向的信息交换，从而推动贸易形态和模式向更加深刻、更加全面改变。我国是全球最大的贸易国家，有超过 8.5 亿的网民，超过 6 亿的网络购物用户，现已表明，2019 年，我国仅跨境电子商务交易规模就达到 10 万亿元以上，电子商务天广地阔。

信息时代，信息化成为社会现代化发展的战略引擎，信息类无形产业成为关键资源。社交网络（包括社交网站和社交软件）在建立个人之间关系网络的同时，也构筑了一个庞大的网络社会，其广泛的用户覆盖和信息传播影响为电子商务的发展带来了新的可能，开辟了新的路径。

　　当下正好，未来已来。立于潮头，如何抓住移动互联网普及化、大众化机遇，抢占社交网络与电子商务融合形成的社交电子商务高地，本书从多个角度进行了探讨与分析，它或许能为有志者提供一个思路、一个参考。如是，则著者之幸，读者之幸。

钟俊敏

2019 年 9 月

目　录

第 1 章 引 言

1.1 研究背景

随着数字时代的开启，以及数字经济的快速发展，社交网络服务逐步进入万千大众的家庭和生活，时刻影响着人们的日常生活（梁晓涛 等，2013）。社交网络即社交网络服务，源自英文 Social Network Service（简称 SNS），也就是人们常说的线上社交平台。这个网络平台可以让用户在其中相互交流与沟通，分享兴趣爱好与体验，具有相同志趣的用户还可以构建小社区，用户还可以通过平台扩展社会关系。据统计，在今天这样全民参与的社交媒体服务时代，人们每天花费在社交媒体服务上的时间占到清醒时间的三分之一以上（Fournier and Avery，2011）。国内的 QQ、微信、微博、豆瓣，以及国外的 Twitter，Facebook，Myspace 都是较知名的社交网络平台（Dong et al，2014；Sang et al，2014；Cong，2014）。国外社交媒体服务的代表 Facebook，至 2015 年 7 月 14 日，约有 22 亿个全球用户，市值约 2 500 亿美元（凤凰新闻，2015；腾讯科技，2015）。引领中国社交媒体服务行业发展的腾讯公司，2015 年 9 月 11 日市值近 1 600 亿美元（21 世纪经济报道，2015）。截至 2017 年 12 月（第 41 次《中国互联网络发展状况统计报告》，2018），QQ 空间、微信朋友圈的用户使用率分别为 64.4%、87.3%，新浪微博 2017 年的用户使用率达到 40.9%。其他相关社交媒体服务的使用率也在逐步提高，例如知乎的用户使用率是 14.6%、豆瓣的用户使用率是 12.8%、天涯社区的用户使用率是 8.8%。图 1-1 显示了典型社交应用使用率。

随着社交媒体传播力和影响力的快速提升，社交媒体服务平台的功能也日益增多，除基本的视频、语音等即时沟通功能外，还包含新闻推送、直播、游戏、购物、信用卡还款、手机充值、公积金查询以及水、电、

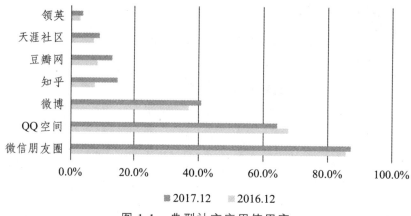

图 1-1 典型社交应用使用率

气费缴纳等多种功能，这使得社交媒体服务平台与用户之间的黏性不断增强，社交网络逐渐成为各方面连接的生态平台。社交网络的飞速发展，也促使互联网在商业模式上的创新。大数据、定位服务、社交网络等信息的整合，使得网络营销、广告推送等变得更加精准化、智能化、个性化，已经成为电子商务新的流量入口（Lin，2015；秦成德 等，2009）。有学者认为"以前我们生活在农场，然后住在城市，现在我们生活在互联网上"，这是人们不得不面对的实际情况。社交媒体服务不仅让大家的生活方式发生了翻天覆地的变化，进入到全民互动娱乐的时代，还对市场营销的影响巨大，挑战了传统商务运作模式，驱动产生了焕然一新的、不同形式的商务模式，进而彻底改变了营销模式。社交媒体服务所带来的这些机遇和挑战，无论是个人还是各类组织，都必须做好迎接新事物的充分准备。诸如 Swarowski，SAP，IKEA，LexisNexis，Lego 等企业，已突破传统模式，建立并运行了新的社交商务平台（Eric et al，2015）。统计表明，全球目前有 40% 以上的企业在新的营销策略上无不紧紧围绕社交网络平台展开，有 27% 以上的企业在网络社交上投入资金，目的是开发并维系客户（埃弗雷姆·特班 等，2014；左文明 等，2014）。

在社交网络服务中，丰富的社交网络平台、多样化的平台类型、便捷的服务功能和充足的资源供应对社会交际以及人与人之间的互动模式产生了很大的冲击。社会化商务依托于社交网络服务，近些年发展势头迅猛。伴随着社会化商务对人们工作、生活影响的不断扩大，社交网络服务在其平台上加入了越来越多的商务应用服务，或直接通过转链接等形式与电子商务网站合作，使更多的用户开始发生一些商务行为（Liang and Turban，2011；郑月锋 等，2015）。比如，零售商可以在 Facebook 网站中开设自己的店铺；同时，Facebook 还与 Amazon 合作，使用户在浏览 Facebook 时，Amazon 根据用户在 Facebook 主页上登记的诸如兴趣爱好等信息或通过浏览重点确定用户兴趣和关注点，从而为用户推荐符合用户个性特征和需求的商品，用户也可以通过 Facebook Connect 直接登录到 Amazon 进行浏览、消费，这种模式被称为 F-commerce（Wang and Zhang，2012；Lee et al，2017；Chang et al，2017）。随着社交网络平台的发展，美丽说、微信等中国社会化商务网站也如雨后春笋般蓬勃发展，人人网这样的社交网络服务巨头也紧跟步伐推出了人人逛街、糯米网等商务应用。现在，社交网络服务平台会根据用户的社交活跃行为，来判断用户的消费习惯，并据此开展商务推荐活动（Pagani and Mirabello，2011）。社会化商务为了提高消费者数量、促成消费决策，一般都会支持社交网络服务平台的社交功能（Wang and Zhang，2012；Chang et al，2016），而其中社交网络服务就是用户社交行为和消费行为之间的中介。社交元素已经改变了人们社交网络服务互动中的某些决策过程，大部分加入在线网络平台的用户，在做出购买决策前一般会使用平台的信息搜索功能或者研究其他用户的购物体验分享（Curty and Zhang，2011；Kim et al，2017）。Bazaarvoice（2011）在研究中引用谷歌公司对社会化商务在餐饮服务方面的调查表明，超过 73% 的客户在购买相关食物前会使用社交网络服务查看其他消费者的用户体验（User-Generated Content，UGC）；在关于汽车方面的调查中，有超过 40% 的用户在购买前，会认真研究社交网络服务中其他相近汽车或同品牌消费者的用户体验。也就是说，社交网络服务中的社交元素在影响消费者购买意向、促成购买行为等方面的角色作用越来越显著。相较于 2010 年 19% 的用户，目前有 37% 的用户表示，之所以选择购买相关产品是受到社交网络服务中社交元素的影响，与传统信息发布相比，他们更愿意选择相信诸如朋友圈、公众号、QQ 空间、人人网等社区平台中同学、朋友等人群的真实用户体验评价。由于国内社会化商务发展时间不长，尚没有固定的标准、可推广的守则来让企业遵循并为他们赢得更多的消费关注，而他们更多是将传统的营销模式运用到社交网络服务环境中，从而导致微博、微信、QQ 空间等社交网络平台中大批"僵尸粉丝"的存在，这样"老坛装新酒"的方式，不仅达不到预期的目标，相反，很容易引起用户的厌恶或无视。虽然越来越多的企业单位进入了社交商务领域，然而除了极少数公司取得了成功之外，大部分公司都以失败告终。相关研究表明（Sami et al，2014；Gartner，2013），一方面是社交商务的公司注册数量呈直线增长，另一方面是大部分进入社交商务的企业都以失败结束。根据统计数据，每月约有 1/4 的用户退出社交商务在线社区（Ducheneaut et al，2006），而新成员大都只是观望一下或初次在线发言后就离开平台，处于长期不在线状况（Joyce and Kraut，2006）。Usenet 网的研究显示，一个月内在网络平台上约有 68% 的用户仅发言一次，有 1/4 的用户直接离开了平台。据此可见，不合适的生搬硬套的社会化商务服务不仅不能达到预期效果，还有可能给企业带去一些负面影响，使得这些品牌成为社交网络服务中"不受欢迎的闯入者"，违背了社交网络服务所追寻的联结人际关系的宗旨。所以，对社交网络中用户的消费行为进行分析，研究社交网络服务平台对购买意向的促成机制，具有重要的社会意义和价值。

在社交网络服务中，无论是消费者还是企业，都可以发布产品信息。相比较而言，消费者产生的商品评价信息或用户体验内容一般都是本人体验的观点，具有一定的真实性，而潜在的消费者通过浏览该商品或服务的体验评价，会对该商品或服务的整体表现、质量反映、性能发挥和细节体验过程、满意度、不足和缺点等信息获得一定的了解，特别是对特别在意的性能或服务有更多的关注，可以帮助他们判断浏览的商品或服务是否满足其需求，从而做出购买或不购买的决策。在社交网络服务平台上购物，消费者首先会对产品或服务进行一个可信度的判断，而这样一次可信度判断，正是影响消费者对产品或服务产生购买意向的重要因子。购物之前评判商品或服务信息是否值得信任正在逐渐成为消费者一种新的消费习惯。随着雇"枪手"发微博、写文章，在论坛和留言板等社交平台中以消费者身份进行虚假宣传等事件的频出，那些由厂商、经销商、传统媒体所构建的垂直信息渠道发布的信息，在消费者心中的可信度大幅度下降，消费者更愿意接受和信任来自网上社区平台里其他相识好友的用户体验、推荐或由微博、微信公众号中意见领袖的推荐构成的水平信息发布渠道。因此，争夺社会化媒体平台上用户的信任对消费者购买意向的影响越来越重要。但是不可否认，即使用户花了大量的时间，认真浏览这些评价或体验信息，也未必就会做出准确客观的购买选择或购买决策。这是由于在社交网络环境里有这样一个全新的人与人交互的平台，其具有的技术性、价值性和体验性等特征与传统物理环境下开放的网络环境不同，它的网络信息资源、多样化的选择面使得信任构建已经变得越来越难，大部分消费者根本无法准确地对评论或体验内容的真实性、可靠性等进行直接判定（Lang and Li，2013）。由于消费者对在线供应商的信任度较低，从而使电子商务的发展状况远远低于大家的预期（唐嘉庚，2006）。由此可见，如何解决商品的信息可信度问题俨然成为现在的热点研究问题（Blanca，2017；Choi and Lee，2017）。

1.2 问题提出

社会化媒体日趋多样化的服务以及用户（粉丝）数量的直线增长对企业意味着巨大的营销潜力，因此，越来越多的个人和商家以更加开阔的视角、更加包容的心态来看待社会化媒体平台。但是社会化媒体作为一个虚拟平台，不同程度地存在着一些欺骗现象，比如，一些名人、博主或意见领袖都拥有较多粉丝，他们在经济利益的直接驱动下，利用自己在微博、微信等公众号上的受关注度和社会影响力向粉丝推广一些质量得不到保证的产品或服务；或直接将个人微博或微信当成职业广告号，频繁的发表一些产品的推销软文，诱导用户做出购买决策；或在朋友圈、QQ 空间中对某品牌、某商品或服务做出不实评价以及对某商品的促销活动做出不实分享；或通过微信订阅号推送虚假信息，等等。这些现象的出现在一定程度上会削弱潜在消费者的购买信任度，并可能对他们的购买意向或策略产生影响，使得企业难以取得预期的营销效果。

消费者在社交网络服务中留意、选择某项产品和服务，往往与对该产品或服务的信任度有着直接关系。只有消费者信任、接收并选择使用亲朋好友或网络大 V 发布的产品信息，才能使社交网络服务中的社交元素对产品或服务提供者及消费者的作用变成现实。目前，中国社交网络服务的发展面临两个重要问题：一个是消费者对社交网络服务中社交元素的信任度不高，限制了社交网络服务盈利模式作用的发挥；另一个是缺少商务应用设计标准，这在一定程度上也限制了社会化商务模式的发展。因此，为了提高消费者对社交网络服务中出现的产品或服务信息的信任度，本书对社交网络服务中潜在消费者的信任度与购买意向进行了较为深入细致的剖析，即从信任视角出发，结合社交网络平台的技术性、价值性以及体验性三个特点，着力研究信任度对消费者购买意向的影响，努力提供更好的策略，并设计基于信任的推荐系统，以便帮助企业更好地借助社会化媒体进行营销。

1.3   研究的目的和意义

1.3.1   研究目的

社交网络服务作为新型营销载体，是很多企业的新型营销平台，但不可否认的是在发挥其积极作用的同时也存在着诸多弊端。因此，如何在充斥着各种虚假信息的网络环境下获取消费者的信任，诱导消费者提升购买意向、做出购买决策无疑是众多学者、电商界从业人员关注的焦点。

本研究的研究目的旨在通过对社交网络服务中消费者信任和购买意向之间关系的研究，试图在理论层面上填补社交网络服务平台中消费者信任和商务行为研究的空缺，尝试在实践层面上解决社交网络服务平台中缺乏消费者信任的问题。依据社交网络服务平台特性、社交网络服务中消费者信任和购买意向这三者之间的关系，为社交网络服务平台的快速、健康发展提供策略建议，从而提升社交网络服务平台的运营水平和行业地位。具体的研究目标如下：

（1）探究社交网络服务中消费者信任行为的具体活动。界定社交网络服务中消费者信任行为概念，搭建社交网络服务中消费者信任行为模式的理论框架，构建影响消费者信任的指标库，为消费者信任模型的建立提供支持。划分社交网络服务中消费者信任行为的类别，其分类标准是在信任行为与社交网络服务平台的关系基础上产生的。

（2）研究基于社交网络服务平台特性的社交网络服务中消费者信任与购买意向之间的关系。在对社交网络服务中消费者信任行为的分析及信任分类的基础上，构建消费者信任及社交网络服务平台的特性对消费者购买意向影响的理论框架。通过对社交网络服务中消费者购买意向影响的实证研究，验证社交网络服务中消费者行为、社交网络服务平台特性及其与消费者购买意向之间的关系，从而为企业提高消费者信任度、促进消费者购买意向和决策、有效合理引导消费者行为等方面提出理论参考依据。

（3）检验社交网络服务中消费者信任在不同社会化商务元素中对购买行为结果的影响。社交网络服务中，消费者在社会化商务过程中的行为，通过影响消费者在购物选择时的不确定因素，进而影响消费者做出不同的购物选择。设计基于信任的推荐系统，给社交网络服务平台发展社会化商务提出建议策略。通过检验进一步明确社交网络服务中消费者信任对社会化商务的影响，给社交网络企业在客户满意度提升策略上提供依据和指导。

1.3.2　研究意义

社交网络服务平台办的成功与否取决于消费者对社交网络服务信任度的高低。社交网络服务信任在社会心理学、价值共创和社会化商务等领域中起着重要作用，社交网络服务平台提供的多样化、多功能的商务应用改变了人们的决策模式和决策结果，因此，社交网络服务中消费者信任与购买决策的关系研究，不仅有理论意义，还有一定的实践价值。

1. 理论意义

第一，本研究通过对社交网络服务中消费者信任所包含的内容的研讨，为社会化媒体的相关研究提供了新的知识。本研究中，研究者定义了一个难以测量的变量"社交网络服务消费者信任"，并将这个变量作为研究视角，尝试分析影响消费者在社交网络服务中信任的因子。这既丰富了研究领域，也为未来研究奠定了基础，将对社交网络服务平台用户的行为习惯和消费模式有更进一步的洞察分析。本研究尝试对社交网络服务中消费者信任进行分类，从而使研究者重新了解消费者信任、消费者信任影响因子的本质以及对网站贡献的资源。对社交网络服务平台的消费者信任的研究，不局限于影响其信任因子的研究，还将对社交网络服务中消费者行为和平台特性开展相关性研究。这不仅可以揭示社交网络服务活跃行为中社交性的本质，还会反映用户对社交网络服务的信任程度。

第二，本研究中对社交网络服务平台特性的分析判断，可以作为今后相关领域研究的依据和基础。本研究针对社交网络服务平台中消费者信任这一概念的复杂特性提出的策略模型，构建出消费者信任、社交网络服务平台特性和消费者购买意向之间的关系模型，从而推进了今后关于社交网络服务、社交网络用户行为习惯等更大范围领域的研究。比如社交网络服务中消费者信任对用户心理幸福感和社会资本的影响、社交网络服务中消费者信任向商务行为演化机理等方面的研究。

第三，研究社交网络服务中消费者购买意向，设计基于信任的推荐系统，给社交网络服务平台发展社会化商务提供了理论依据，可以拓展社会商务理论的研究。其理论探索主要是用户产生社会化商务参与行为的动机研究。本研究综合考虑信任、社交网络服务平台特性等对顾客购买意向的影响，从而分析并构建有利于社交网络服务平台发展社会化商务的策略。该研究使不确定性理论的应用价值得到拓展，其中，卖家服务水平、卖家产品质量、品牌真伪等不确定因素是使用户产生不确定性的原因，而用户本身信任的不确定性是最显著的特点。

第四，社交网络服务是一个新兴的概念。目前，国内外学者对此方面的研究有一定的成果，并且对本研究的研究具有较好的借鉴价值。但是，相关文献较为缺乏也是一个不得不面对的问题。另外，伴随着科学技术的不断发展，社交网络服务也呈现出不同的特性、丰富的体验和功能，与此同时，用户体验方式和消费者行为习惯也发生了变化。因此，以往的研究不可能完全适用于当前社交网络服务的发展现状。本研究从信任视角出发，进行社交网络服务平台与消费者购买意向之间的影响研究，这在进一步丰富消费者购买行为理论、拓展社交网络服务理论等方面具有价值和意义。

2. 实践意义

随着社交网络服务平台的多样化发展，企业瞄准新兴市场，借助新型媒体平台通过与潜在消费者进行互动交流，来开展市场调查、明确市场需求、确定产品目录、发布产品信息、收集用户体验以及反馈意见等，针对性的运用社交网络服务平台来引起更多消费者的关注，以求取得更为理想的营销效果。从上文中的数据可以看出，在企业高度重视社会化媒体营销方式的背景下，本研究试图探讨社交网络服务特征对消费者购买意向的影响，设计基于信任的推荐系统，对企业进行社会化媒体营销、构建营销模式无疑具有帮助作用和一定的现实指导意义。具体如下：

第一，对社交网络服务中消费者具体消费行为的探究、关注点的研究可以为社交网络服务中运营商确定其用户消费习惯和行为提供有用的信息。本研究将分析社交网络服务平台用户在社交网络服务中发生的具体行为、影响平台用户成为潜在消费者以及最终产生购买意向的具体因子。研究结果显示，信任会导致消费者购物态度、消费决策发生明显变化，并明确指出这个问题的重要性，建议社交网络服务运营商应诊断其网站特性是否有利于促进交易双方建立信任。

第二，分类与测量社交网络服务中消费者的信任，可以给予社交网络服务运营商多方面的支持，无论是营销方案、决策方法还是用户信任度策略，都能帮助他们提升整体运营水平。我国社交网络服务网站的用户数量极其庞大，这意味着潜在消费者群体更加巨大，但用户信任度不高却是各社交网络服务网站普遍存在的问题，导致其在互联网各行业中的竞争优势不高、角色作用不明显。通过研究分析得出了提升用户信任度的最重要因素，社交网络服务运营商必须对这一因素着重设计；研究消费者信任影响因子，有助于发现社交网络服务中造成消费者心理变化的具体影响因子，从而有利于社交网络平台采取相应的对策塑造其平台形象，以提升用户信任度。

第三，社交网络服务中消费者信任对购买意向的影响研究，有利于社交网络服务运营商增加应用。社交网络服务平台与传统电子商务环境中消费者的消费行为大不相同，通过开展这两类环境中不同用户决策过程的信任因素的影响作用研究，可以给社交网络服务运营商设计商务应用时考虑其是否影响消费者的信任水平提供参考。目前，社交网络服务平台的社会化商务具体实施策略较为单一，其商务应用功能发挥主要是通过在其网站上加入购物功能直接引导消费者浏览、选择，或与其他电子商务网站合作开发新功能。为此，社交网络服务运营商可以针对不同产品采取不同的促进购买策略，从而提升用户购买意向度和服务体验满意度，降低消费者购买的不稳定性。这样可有利于保持用户的忠诚度，使社交网络服务网站得以持续发展。

1.4　研究内容与研究方法

1.4.1　研究内容

本研究以社交网络环境下消费者对商品信息的信任研究这一当前热门研究为基础，主要研究了以下几方面的内容：

（1）社交网络服务中消费者行为研究。通过调查分析社交网络服务中消费者的行为习惯，找到了影响消费者购买决策的影响因子。这将有助于社交网络服务平台运作以及社会化商务的推广应用，并具有一定的理论价值。

（2）社交网络服务中消费者信任研究。以其他学者对社交网络环境下消费者信任研究的梳理总结为基础，分析得出信任的概念、管理和评估知识；挖掘出社会网络服务平台中潜在消费者对商品信息产生信任的影响因子。

（3）社交网络服务中消费者信任度影响研究。按照个人对消费者信任度的分析理解，构建理论模型、提出假设，然后设计问卷，进行问卷发放，回收数据并进行整理，通过实证研究对数据进行处理，从而分析：① 消费者行为对购买意向的作用何在；② 消费者社会关系在信任和购买意向关系中的地位和作用；③ 社交网络服务平台特性在信任和购买意向关系中的作用。最后根据研究结论，结合社交网络服务应用实践活动，设计了基于信任视角的推荐系统，提出社交网络平台特性背景下增加消费者购买意向的策略建议，为企业制订更好的营销策略提供一定的帮助。

1.4.2 技术路线

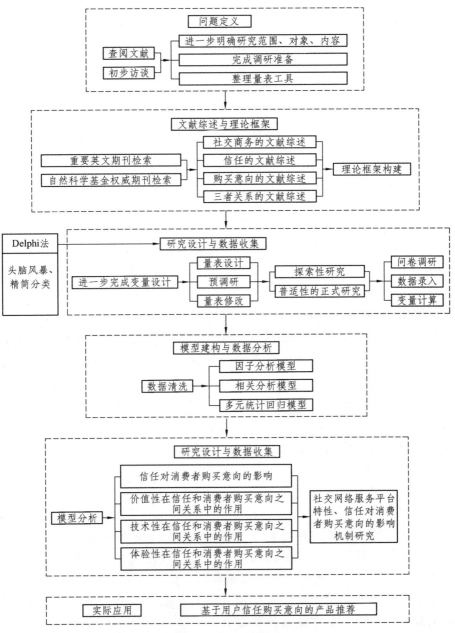

图 1-2 技术路线图

1.4.3　研究方法

本研究采用的具体研究方法如下：

（1）文献研究法。梳理之前研究者们在期刊、课题项目、会议论述、专著作品以及大量的学术论文中出现的关于信任、顾客感知价值、消费者购买意向等领域的国内外研究成果，这是本研究开展研究的基础，也是最重要的工作。笔者在对这些研究进行梳理的基础上进行归类、整理和分析，从而明确本研究的研究角度、研究重点，构建本研究的研究框架和研究核心，理清了研究思路，确定了研究方向和研究内容，为后续研究做了充分的准备。

（2）调查研究法。在文献研究的基础上，提出研究假设、理论架构，明确研究方法，根据需要编制调查问卷。以网络问卷调查和访谈法为主要调研方式，辅助走访一些具有代表性的社交网络服务企业。统计使用五点李克特量表，使用过程中必须经过必要的信度效度检验。

（3）建模分析法。此方法是本研究的重点和难点，也是本研究模型得以构建的关键所在。本研究基于定性分析的假设，在数据统计基础上，综合使用 SPSS、AMOS、R 等统计软件，使用 Cronbach's α 系数法、描述性统计分析法、多元线性回归分析法、方差膨胀因子法、DW 法、因子分析法、残差项散点图法等多元统计分析方法对各假设进行分析和验证，最终得出结论。

（4）仿真。通过仿真，结合微信小程序中的"京东购物"数据，得出基于用户信任的产品推荐策略，验证理论模型推导的结论，同时检验理论模型的实际应用可能性。

1.5　创新点

由社交网络引发的多种商业模式无疑引起了很多企业的关注，本研究基于这种背景展开对社交网络平台特性、信任以及消费者购买意向三者之间关系的研究，希望该研究成果有助于社交网络向社会化商务发展，给社交网络企业在用户信任水平提升策略上提供依据，在设计社会化商务元素上提供建议。主要创新点如下：

（1）与以往研究不同，本研究通过结合价值共创理论对社交网络服务中的用户行为模式进行探究。社交网络服务中消费者的行为是一个比较复杂、难以测量的概念，本研究通过 Delphi 法对社交网络服务中的信任行为进行了分类，同时综合考虑了社交网络平台的特性、消费者信任和购买意向之间的关系。值得一提的是，本研究不仅仅是对消费者信任行为进行简单的分类，而是具体地分析了不同信任行为对消费者购买意向的影响。

（2）社交网络服务中用户信任的不确定性、难量化性，决定了其缺少科学有效的测量模型。阅览以往的研究文献可以发现，大多数专家学者都是对信任进行综合研究，鲜有学者单独研究信任本身。本研究首先明确信任评估理论应用到社交网络服务的必要性，然后对社交网络服务中用户信任的概念和特征进行介绍，研究得到信任是消费者购买意向的一个重要影响因素。最终通过对社交网络服务中用户信任的深入研究，得出社交网络服务中信任的具体形成机制。

（3）结合社会学习理论、态度和不确定性理论，研究社会化商务中的消费者购买意向行为和过程，将信任、社交网络服务平台特性、消费者购买意向集中设计在一个模型中，研究信任对用户购买意向的影响及三者之间的关系。本研究用实证分析的方法证实了社交网络服务平台特性对信任与消费者购买意向具有显著影响，并在此基础上，基于信任视角设计了推荐系统，提出社交网络平台特性背景下增加消费者购买意向的策略建议，为企业制订更好的营销策略提供一定的帮助。

第 2 章　文献综述

笔者在对选题所涉及研究领域的文献进行广泛阅读和理解的基础上，对社会化电子商务、信任、购买决策、购买意向等四部分的研究现状、新水平、新动态、新技术和新发现、发展前景等内容进行综合分析、归纳整理和评论，并提出笔者的见解和研究思路。

2.1　社会化电子商务

2.1.1　社会化媒体

社会化媒体的雏形来源于虚拟社区。Rheingold（1993）指出，虚拟社区是用户通过在某网络平台中分享某个知识领域、兴趣爱好等的知识或信息从而连接成的一个不同于现实的团体组织。某知识领域的知识和信息将虚拟社区用户紧紧联接在一起，使得共同的爱好志向、人生体验或价值观在同一个虚拟社区中共享，从而拉近成员之间的距离。社区内部活动越多，互动交流越频繁，沟通越有效，这也是虚拟社区极具聚合力的基础（Lin et al，2017）。

随着网络、WIFI 的普及，手机应用不断更新而且更加便捷，社交网络成了人们日常生活中不可分割的一部分。人们可以在社交网络中上传自己喜欢的文字、图片或自己的照片等，互相关注的用户可以通过社交网络看到对方的空间内容，也可以在社交网络上进行互动交流。不同于虚拟社区，大部分用户在社交网络中注重维护自己的良好形象，向其他朋友展示自己生动美好的一面，以增强社交网络的吸引力（李雯，2008；Zhang and Benyoucef，2016）。

社会化媒体理论建立在虚拟社区和社交网络不断成熟的基础上。传统媒体的特征是"一对多"，而社会化媒体的特征是"多对多"。在社交网络上发布或传播的信息内容可能来自个人，或者说传统媒体的接收方在社会化媒体中既扮演读者的角色，又扮演信息发布者的角色。

在国内，基于 Web 2.0 形成的社会化媒体，每个人都能参与创造和传播。因此，社会化媒体是一种更加普遍的社交网络系统（叶青，2013）。邱蕾（2009）认为，社会化媒体的突出特点是其用户可以按照自己的意愿自主创造或传播信息，并且这种创造和传播是公开化和透明化的，用户在社会化媒体中可选择性地阅读某些信息，针对感兴趣的部分可以与信息发布者及时、直接地互动。通过以上梳理，本研究认为，利用在线媒体更加开放、自由的优势，社会化媒体成功搭建了一个供广大用户共享信息资源的交流平台。随着社会化媒体的不断成熟与完善，它与其他平台接触的频率日渐增多，商务合作也无时无刻、随时随地地展开。例如，社会化电商平台既具有电商特征，又具有社会化媒体特征，后文将详细介绍。

2.1.2　社会化电子商务概念

早在 2005 年，雅虎就提出社会化电子商务概念，而将这个概念引入学术界可追溯到 2007 年。在 Jascanu 和 Nicolau（2007）的文章中，他们将社会化电子商务定义为电子商务的一个新的发展阶段和趋势。在 Ickler 和 Schülke（2009）的后续研究中，则对社会化电子商务赋予了更加丰富的内涵，其中展开了多样化的营销服务，紧密结合了信息与信息技术、用户交流以及商务开发等范畴。在 Dennison（2009）的观点中，用户通过体验社交网络的开放性和自由性，加快了相互之间的信息传递，使社会化电子商务最终实现产品销售。李洁娜（2014）也结合社会化媒体自由发布信息、用户创造和传播消息等突出特征，阐述了社会化电子商务化作一种新型电子商务，实现在线宣传和销售相关产品；简单粗陋理解为，社会化电子商务就像一个网站，在这个网络媒体中，用户通过一些社交行为方式，如在网站上分享行为、交流互动等，增加消费者的购买欲望，使消费者最终产生购买或者消费行为（Chee and Ko，2016）。

2.1.3　社会化电子商务的模式与发展趋势

国外资料显示，在美国有三个社会化电商网站：This Next、Crowd storm 和 Productwiki，它们都已经形成了社会化电子商务模式。以上三个网站的运营方式与传统挑选商品的购物方式不同，网站运营的突出特点一开始就受到广大用户和消费者的青睐。在这三个社会化电商网站上，用户有购买某物品的意向之后，会先看到别人在网站上推荐的优质产品，然后再根据用户推荐和使用评价等信息来确定自己的购买意向。这类网站销售的方式就是借助用户分享真实购物体验，最终实现产品销售。以上成功运营的社会化电子商务模式吸引了相关领域学者们的广泛关注，并细化为以下四种典型运作模式：（1）通过努力形成联盟，开展深入合作，最终返利给用户的模式；（2）在线平台每天只开展某一类商品的推销和流量引进的模式（如 Google AdSense）；（3）借助网络虚拟社区推动消费的模式；（4）以生产方为导向的定制模式（Leather et al，2007；Liang et al，2011；吴菊华 等，2014）。

国内一些创客目睹了国外日渐成熟和发展的社会化电子商务模式，开始了中国特色的改革创新，从而出现了社会化电子商务网站不断涌现的现象。截至目前，国内学者张飔（2013）、李洁娜（2014）和刘柳昕（2012）深入系统地研究了中国的社会化电子商务模式，最终形成一致看法，并将国内的电商平台主要概括为三种模式：（1）依托既有电子商务平台整合后构建的社区；（2）在既有社会化媒体中融入电子商务的某项业务形成交互社区；（3）社区+电商的购物分享型网站，在此类网站中，虚拟社区和电商服务都是其主营业务。具体描述见表 2-1。

表 2-1　社会化电子商务模式分类表

类　别	特征描述	举　例
在原有电商平台构建社区	主营业务：电子商务。通过增加社会化功能提升用户体验和黏度，进而促进销售	爱淘宝，凡客达人，京东乐享
在原有社会化媒体中引入电商业务	主营业务：社交媒体。利用社交媒体用户的规模及黏性开展电子商务业务，是社交图谱（用户通过各种途径认识的朋友建立的社交关联）作用下的商务模式，侧重于社交性朋友推荐	微卖场（腾讯微博），微信小店，阿里浪（阿里巴巴与新浪微博）
社区+电商	主营业务：社区和电商。兴趣图谱（用户之间以分享共同兴趣为基础，通过共同兴趣建立关联的网络图谱）作用下的电子商务网站，侧重于有共同兴趣爱好的用户推荐	蘑菇街，美丽说

可以看出，虽然社会化电子商务更加积极构建用户交流和分享机制，突出网络的社会化强大力量，但是最终仍以在线销售商品为目的。从分析学界对社会化电商模式的研究可以看出，目前社会化电商模式还不够成熟，确实存在很大的提升空间。李洁娜（2014）认为，社会化电商的营销模式尚有较多需要改进的空间，其研究主要以信息行为的视野尝试构建模型。通过社会化电商模式与 B2C 电商模式的仔细对比分析，研究者周兴龙（2012）基于价值传递、营销和盈利模式三个维度构建了社会化电商模式。在学者唐亦之（2011）的研究中，将社会化电商未来发展趋势概括为：一是更加关注社会化用户，并将此观点运用于营销全过程；二是开放各类平台。王建（2012）认为，社会化电商平台资本和运营能力至关重要，本土化创新关系到其生死存亡。肖芳（2013）的研究更多是实证研究，通过实证法得出社会化电子商务市场同质化现象严重，潜力巨大，但盈利机会不均等，他认为，未来只有改善社会化电子商务发展模式才能使其得以创新发展。学者陈振华（2013）先是总结陈述电商与社交网络交互融合后目前的发展现状，然后对今后社交网络的其他营销实现形式从用户角度进行了深入探讨，他强调，在今后的研究中要关注移动互联网将来的发展，并有效与电商相结合。

综上所述，在国内，虽然社会化电商处于新兴阶段，但从市场格局角度，社会化电商对传统电商具有深远影响。基于兴趣图谱和社交网络，社会化电商将以整体带动国内传统电商的创新发展，开创一个以用户为核心、以需求为导向的电子商务新时代（Zhang et al，2016）。

2.1.4　社会化电商中消费行为的相关研究

对社交网络中用户商务行为的研究集中于探讨用户参与社会化商务的动机（Wang 和 Yu，2017）。例如，Liang et al（2011）分析了用户在社会化商务网站上的分享动机以及用户的社会化购物意向动机，他通过研究提出用户参与到社会化商务中的主要因素是社会化因素，其中包括社会支持、关系质量等。Shin（2013）则通过研究得出了社会化商务中用户参与意向的驱动因素和实际参与行为的驱动因素；他认为，影响用户参与意向的驱动因素主要是感知到分享的有用性、感知到分享的娱乐性以及主观规范和显著态度，而用户的实际参与行为的驱动因素则是信任和社会支持。

综上，社交网络中的潜在消费者的购买意向、对分享的态度以及购买行为是根据其他人分享出来的信息而发生变化的（Marsden，2011）。因此，不论是哪一种运营模式，用户之间的信息交流与分享都是社会化电商运营的关键所在。受到企业界和学术界的关注，越来越多的学者开始着手研究社会化电商这一新型商业模式是怎样影响消费者的消费行为的。基于推荐对象、推荐信息和信息接收者三个维度，学者陈洋（2013）深入研究了用户推荐是如何影响消费者的消费意愿的。学者张冕和鲁耀斌（2014）采用实证方法研究平台用户经验分享是如何影响用户的消费意愿的，其研究从组织文化认同的角度出发，中介变量为用户依存感。梦非（2012）主要研究用户购买意向是如何受到社交平台中意见领袖影响的，其研究背景是社会化商务，中介变量是信任。另外，有学者具体结合某一产品的独有特征，例如，学者刘正源（2013）在研究中结合了服装产品特征，从社会化电商用户信任的视野分析其对用户消费意愿的影响。Hyojin et al（2015）对韩国533位社交网络服务用户进行了调查分析，得出社交网络服务使用动机对用户与名人的准社交关系有积极影响的结论。Chen 和 Shen（2015）的研究认为，社区成员之间的相互信任与对社区的信任呈正相关关系。Kim 和 Wright（2016）研究了社交媒体服务中消费者参与关系的建立过程，以及社交关系影响消费者的内在动机和外在动机。Hajli（2014）认为，社交媒体服务中的社交商务感知对顾客与电子供应商网站之间的关系质量有着积极的影响。

通过梳理，笔者发现部分学者开始关注和研究社会化电商中的消费者行为，研究时主要的切入点为网站用户之间相互分享所带来的影响。在一定程度上，网站成员间的共享行为提高了成员的购买意向，较高的商业价值突显其中。但总的来说，此类相关研究仍待进一步加强。

2.2　信任

信任研究发现于哲学和心理学，成熟于社会学，应用于经济学、管理学、市场营销学和电子商务，各学科都为信任研究做出了贡献。在社交网络服务中，买卖双方相互之间知之甚少，最终借助网络平台实现成功交易。因此，在今天这样一个现代信息技术发展迅猛、影响广泛的时代环境下，信任的地位和作用在现代商品交易中尤为突出，甚至决定交易的最终成败。本节将对信任的基础理论以及与之相关的文献资料进行梳理和总结。

2.2.1　信任的概念

关于信任，目前还没有一个被学术界公认的定义，但都认同"信任并非单一社会现象，包含伦理、道德、情感、价值和自然属性。"一般而言，人们理解信任主要从两方面入手，一是认为信任是人类社会的一种自然属性，二是将信任当作一种主观直觉（郑也夫，2015）。随着社会科学的不断发展和进步，信任的内容也已关联到人类学、行为学、政治学、工商管理学，甚至是工程学、计算机科学等领域（张宇　等，2008）。

不同研究领域的学者给信任下的定义不同，这是由研究环境、知识体系以及研究重心各异造成的。所以，关于信任模式、类型、性质和功能机制等方面，专家学者们的理解也不同。例如，在计算机相关学科领域中，研究信任问题时都采用明确方法，且关注信任内容的不同侧面。因此，要研究信任这个概念，就必须从不同角度、不同方面开展。同时必须明确的是，很多学者在研究信任时，是将其与可信度、可靠度等其他概念结合在一起来进行的。同时还会从人与人之间的认知和情感等方面展开。信任在牛津英语大辞典中的释义是较为详细的，它将信任解释为对于他人或他物的深信，既包括人、事、物的可靠性和能力，又包括人、事、物的忠诚和品格等内容。Morgan et al（1994），Mcknight et al（1998），McAllister et al（1995）认为，信任就是相信对方是诚实的、善意的、有能力的，即信心，其强调的更多是一种积极信念。Williamson（1993）把信任看成信任方依赖于被信任方的意愿。

当代企业在营运方面更加重视妥善处理与客户的关系，所以在营销学、管理学等学科领域中信任这个概念越来越受到学者们的关注。Spekman（1988）指出，卖方与买方形成的长期稳定关系在市场中扮演着重要角色；Schurr 和 Ozanne（1985），以及 Mayer 等人（1995）均提出，买卖双方热情互动，双方互利互惠，遵守与履行他们之间交易约定的权力与义务，主要是互相之间认可彼此的言语和承诺，这种积极的、成功的交易感知与体验在以后的顾客对卖方的信任度中起着重要作用；Hawes（1989）指出，即便对方存在不确定性因素或者潜在危险，这时的信任也会表现出选择相信对方；Anderson 和 Narus（1990）认为，运营中的企业积极正面维护其自身形象，信任就是营运企业努力塑造的一种正面价值观。Evans et al（1990），Bhattacharya（1998），Koufaris et al（2009）认为，在买卖双方不熟知的情况下，企业能够充分考虑顾客利益，顺应顾客意愿，这时信任就体现在顾客与企业之间形成的一种信任情结和情感获得；此看法与 Doney 和 Camion（1997）提出的信任是双方之间的一种积极、正向的情感体验观点一致。Reichheld 和 Schefter（2000）提出，能够获得消费者真正的信任，最终让企业赢得顾客的长期支持和忠诚度；Walter et al（2000）指出，消费者认同企业的实力，认可企业诚信、公正等品质，这时信任体现在消费者相信企业能够给自己带来利益的一种信念；Sirdeshmukh et al（2002）认为，当买卖双方产生交易时，买方的信任体现在认同卖方正在努力履行自己的承诺上。Paim（2010）在研究中，随机选择 370 名学生，采取实证调查研究的方法，收集并运用多元回归分析法分析调查资料，研究结果显示主要有四个因素影响网购态度，分别是价格、方便、选择的多样性和功利取向，并且认为消费者之所以选择网络购物主要是认为网络购物更加便利，更加节省时间，同时也认为比实体店更经济实惠，选择空间更大（Abdyldaev Atai，2016）。

信任在营销学领域的体现主要有：Walter（2000）认为，信任就是一种信念；Morgan et al（1994）指出，信任表现在买卖双方交易时流露出的诚信、正直等品质，信任直接决定交易成功与否，另外，收入与信任呈正相关（Abdyldaev Atai，2016）；Anderson 和 Weitz（1989）认为，信念和信心构成信任，包括人们对于某人、某物或某件事情产生的诚实、可靠、公平等认知，职守和使命也由此而产生。

在电子商务研究领域，关于信任的研究比较晚，研究仍处于不断完善之中。Mcknight 和 Chervany（2002）在研究中指出，信任存在于信任主体与信任客体之间，表现在即便客体损害了主体利益，主体依然不监控客体。另一个具有代表性研究意义的是 Gefen et al（2003）的观点，其研究主要关注网络信任，他们认为，网络环境存在潜在危险，交易主体存在某种程度上的弱点，但在交易过程中交易主体却不刻意对信任客体说出弱点所在，这种希望被定义为信任。针对在线交易中的信任，出现在 Pavlou（2003）的研究中，他认为，买卖双方通过网络平台进行交易，对能力、善意、正直和预测等方面所展现出来的交易信心就是在线交易信任，即存在买卖双方之间的一种特殊关系。

Sucker（1986）按照信任产生的方式来定义信任，概括起来主要有三种，分别是特征性信任、过程性信任、制度性信任。根据信任形成的要素，Gronrs（2001）总结出四种消费者信任：（1）概括性信任：在井然有序的市场经济环境下，顾客对企业长期以来在公众面前树立的优秀形象和良好口碑而产生的信任；（2）程序性信任：双方曾经有过愉快的接触或成功的交易体验而产生的信任；（3）人际关系信任：如果企业在经营中的言谈举止让消费者感知信赖，不同情况的顾客会表现出对企业的不同程度的信任，甚至高水平的信任度将有利于达成彼此长期合作的意向；（4）制度性信任：因为对方执行行业规范、具有专业知识、富有法律精神和契约精神，从而产生了信任对方（Li et al，2013）。

关于信任的研究，在中国学界也呈现了一些成果。于建红（2007）、李雁晨（2012）认为，明知交易处于不确定环境或存在潜在风险，仍然选择相信对方的信誉，愿意信赖对方，按照交易要求满足交易期待，与其合作的行为就是信任。刘建新（2010）指出，信任主要来自企业自身，即企业的可信赖程度，正是由于企业值得信赖，才会让顾客主动产生购买行为的意愿。李莎莎（2013）主要研究 C2C 网络购物信任，其研究主要结合买方、C2C 网站平台、卖方等三个因素，分析了怎样树立网络交易的信任，并在此基础上进一步探讨影响这种信任的因素。通过研究发现，顾客信任度和感应风险系数呈负相关（Choi，2016）。

通过上面的综合阐述可以看出，大多数学者主要从认知、行为两方面来研究信任的概念。一是从认知层面强调信任是一种信念和态度。企业的规模、实力和努力维护的良好形象，使企业在交易过程中表现出积极的、热情的状态，如此可能使交易成功；这些曾经发生过的愉悦的购物体验和成功的交易将会进一步使消费者产生不同程度的信任，并且有利于双方长期维持一种有效的合作意向。二是从行为层面强调信任是一种坚定的执行力。交易时双方互不了解，环境与交易过程都存在潜在风险；即便在这种情况下，企业一方仍然本着互惠互利的原则，交易时努力践行自己的承诺，促使交易成功并维护顾客利益；有时为了维系双方之间长期的信任关系，企业一方不惜在一定程度上让渡部分既得利益。通过大量梳理文献资料，查询众多研究成果，发现，虽然目前关于信任概念的研究较多，但大多数研究者都从自身研究领域入手；另外，信任本身具有一定的抽象特点，在当前研究成果中关于信任的概念未能包含其所涉及的所有维度和范畴。

2.2.2　信任的特征

上面对信任的概念进行了详细的阐述和总结，从信任的概念中可分析并归纳出其具备的重要特征。

（1）主观性。在双方互动过程中，主、客体均会产生一系列不同的情感体验，主要是主体会受到客体比如其喜好、购物习惯等因素的影响。即使假定外界客观因素，如交易时间、环境等相同，主体仍然会产生不同的情感体验，导致其对客体产生不同的评价，也就是产生信任的主观性特征，即主体对客体主观性的期待和判断。

（2）不确定性。Josang（1996）认为，信任绝对不是用一个简单的概率问题能够解释的，在一定程度上，不确定性的特征来源于上文阐述的主观性特征。由于交易时存在很多未知因素，信任主客体双方无法达到充分的相互了解，这是产生信任不确定性的原因所在（Yan Bai，2015）。社交电商中销售的不确定性因素越多，用户购买意向就越低。

（3）动态性。信任关系并不是恒久不变的，因为信任是一个不断演变的过程。这一演变过程是由主客体双方内外因共同作用引起的，但主要还是由内因导致的，其中，内因包括能力、意愿和知识等，外因包括策略和实体行为等。通常情况下，外因是可以直接观察到的，并能得到一些量化的数据，从而进行一定的合理推测；相反，内因都是认知、感知层面的内容，难以进行量化。

（4）客观性。交易双方主客体之间需要信任，主客体的主观性因素是引起信任度变化的原因之一。同时，外界的其他相关因素，如环境、时机等也会在一定程度上影响主客体双方间的信任关系（Sabatier，2004）。

（5）非对称性。彼此信任对方是信任关系中的理想状态，但在实际情况中，信任具有非对称性。例如，甲信任乙，但并不是说乙也会信任甲，这也说明信任是有方向性的。

（6）有限传递性。当交易双方计划实现交易行为时，交易双方并非相互了解，或者说，一方是通过第三方得到关于另一方的更多消息后才做出交易决定的。也就是说，A信任B，B信任C，B作为中间人促使C信任A。值得注意的是：如果中间涉及过多所谓的第三方，会逐渐降低交易双方最终的信任度。

2.2.3　信任管理

Blaze et al（2000）认为，信任管理就是运用统一的方法来描述和解释安全策略（Security Policy）、安全凭证（Security Credential）以及用于直接授权关键性安全操作的信任关系（Trust Relationship）的。他们提出，信任管理的主要目的在于解决网络服务的安全性问题。Blaze 等人认为，在网络开放系统中安全信息的完整性不高，因而必须依靠具有可信度的第三方所提出的其他信息来佐证原系统所做出的安全决策。

根据上述内容得知，制订安全策略、取得安全凭证以及判断收集好的安全凭证是否能够满足安全策略三个方面的内容，构成了信任管理的主要范畴。此外，信任管理中第一个需要回答的问题就是"安全凭证集 c 是否能够证明请求 r 满足本地策略集 P"。可以看出，信任管理所扮演的角色就是制订出一个安全决策框架，它在控制网站应用系统变化方面有着较大影响。

Blaze 等人在信任管理的研究过程中，设计了信任管理模型，该模型以信任管理引擎（Trust Management Engine，简称 TME）为基础，同时 TME 也是这个模型的核心所在，如图 2-1 所示。TME 的原理是一种普遍适用且和应用无关的一致性证明验证算法。当一个假定的三元组 (r, c, P) 被输入后，依照凭证是否满足策略，TME 输出相应结果。因此，这个模型的构建可以很好地区分信任管理和其他应用。Blaze et al（1998）提出的信任管理模型已被大家广泛应用。此外，部分学者基于这个模型又开发出其他类型的信任管理系统（Chu，1997）。

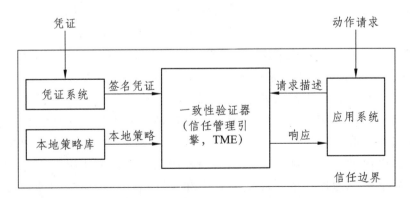

图 2-1　信任管理模型

2.2.4 信任评估

关于 Blaze 等人提出的信任管理模型，部分学者持有不同的观点。有的学者认为，信任本来仅是一种体验和感受，从本质上进行分析是非理性的，然而，Blaze 等人则运用理性方法去分析复杂的信任关系。持不同观点的学者还有 Gambetta（1988）和 Abdul（1997），他们坚持，信任不仅是一个有具体内容的存在，更因信任程度有所不同可对其进行分类，而信任度则成为事物可信度的标志，信任评估模型也就由此诞生。值得注意的是，信任度的计算方法会因评估模型各异而不同。

由于提出背景、参照理论和运作模式不同，信任评估模型种类也有区分。目前，广泛使用的模型主要有两种：一种是分布式，另一种是集中式。其中，分布式信任评估模型是目前信任研究领域的热点，分布式即模拟人与人之间如何建立信任关系及传播信任，自己担任评估主体，评估内容主要是人际交往互动效果及完成传播内容的质量和效率；集中式信任评估模型需要指定一个可获取完整信息的固定的处理中心，通过这个中心取得想要的信任消息，并以此为评估内容的基础。

通过梳理国内外关于信任关系及可信网络的研究，笔者整理出信任评估模型应遵循的五点原则：（1）时间性。结合近期行为重要性、远期行为衰减性等，信任评估模型构建要充分考虑到时效因素对于评估结果的影响。（2）大规模性。从统计学角度讲，要保证数据统计与分析结果的科学性，信任评估模型构建应建立在数据充分的基础上，就如实体之间的信任关系"日久见人心"一样。因此，进行在信任评估时，需要有充分的实体行为数据作为支撑，这样统计分析出的评估结果才具有相对稳定性，才更加可靠。（3）客观性。属于社会科学的信任概念，在进行信任评估时很容易受到过多主观因素的影响，导致评估结果有偏差、不精确。因此，为保证评估结果的科学性，评估内容必须客观、真实。（4）"慢升快降"性。为防止部分实体通过恶性行为快速取得较高信任度，不怀好意地从事商业活动来获取较大商业回报情况的发生，实体在积累信任度时应该采取适度原则，不宜过快。另外，应该及时降低不良商家的信任度，以保护消费者利益，防止消费者产生更大损失（勇军等，2010）。（5）共享性。为提高信任评估的效率和保证信任评估结果的准确度，应提倡不同实体之间实行信息共享，提高相互间的了解程度，以保证信任评估工作快速有效开展。

通过整理大量现有研究成果，发现不同的信任概念和评估模型。此时，兼顾使用信任管理系统和信任评估模型，在充分考虑全部影响因素的基础上，可以保证现实情况中管理和评估的科学性。信任管理系统中涉及一系列理性技术问题，例如认证、授权及控制访问等，呈现出的是一种理性信任关系，当输入相关信息后，系统可以自动生成信任判断结果。因此，在安全与管理方面，以上这些理性技术作用显著，影响力大。但不可避免的是受到用户体验、安全风险、环境等因素的影响，信任关系处于动态变化中。由于信任管理系统自身的限制，无法及时反映出这种随时变换的信任关系，而且从科学角度考虑，不可能始终运用同一评估准则判断所有实体存在的风险。因此，在某种情况下，信任评估模型填补了管理系统的不足，对一些信任关系复杂的实际情况更具有针对性和科学性。

信息交换的自由程度越来越高，这有利于消费者对网络消费做出信任判断。在电子商务领域，企业可以采取以下措施加快与消费者建立起信任关系：（1）电商平台里附上详细的商品信息介绍；（2）在线客服及时为消费者答疑解惑；（3）利用图文形式提供不同商家的同类产品之间的客观真实评价；（4）有公信力的第三方提供真实购物体验和客观评价。

Fogg 和 Tseng（1999）通过采用在线调查的方式分析了人们对网店的信任度受哪些因素的影响。根据其调查发现，消费者更加信任网络购物的原因在于，网络购物能够带给消费者真实、易用、专业、诚信以及个性化定制服务等体验，而商业暗示、专业化程度不够等可以直接破坏网络购物的可信度。另外，美国斯坦福大学的说服性技术实验室（Persuasive Technology Lab）也对此问题进行过系列研究。该实验室研究发现以下四个方面的因素是让客户对网络购物产生信任的关键：（1）网店描述产品信息的完整度与网店取得联系的便捷程度；（2）维护顾客个人隐私安全的有效性；（3）在线客服回复顾客问题的速度和效率；（4）消费者往常的购物体验或直观印象等（Abdyldaev Atai，2016）。

2.2.5　网络交易中信任的研究

中国互联网络信息中心（CNNIC）在 2019 年年初对外发布《中国互

联网络发展状况统计报告》。报告指出：截至 2018 年 12 月，中国的网络购物用户规模超过 6.1 亿，手机网络购物用户数为 5.92 亿，电子商务平台收入 3 667 亿元，网络交易额一直保持快速增长。因此，对网络环境的信任研究是专家学者关注的重点和焦点。经过大量的文献阅读，发现现有研究主要集中在如下三个方面：

（1）网络环境下对信任的前因变量的研究。CNNIC 在 2015 年发布的《中国网络购物市场研究报告》中指出：网络口碑、网站/商家信誉、网站/信息质量、支付安全、产品/服务质量、隐私保护、消费者网购经验、消费者信任倾向等是影响消费者信任度的重要因素。李振月（2016）在研究中提出了人际信任、圈子信任和制度信任都会影响消费者的信任度。赵维林（2017）从影响消费者决策的不确定因素进行研究，提出商品的图片展示、类型、熟悉度、已购用户评价、专业资质/专业机构测评是影响消费者信任度的五个要素。

（2）网络环境下对信任的结果变量的研究。对结果变量的研究大多是将信任和顾客忠诚度、顾客购买决定相结合来进行的。薛小云（2018）提出，顾客信任是影响顾客忠诚度的重要因素，直接影响顾客的购买决定。杨佳玲（2017）通过实证研究，从关系型信任和计算型信任两种维度进行分析，提出要想提升顾客忠诚度就要从企业声誉、企业能力、顾客关系、顾客满意度四个方面进行调整。叶诗凡（2018）在实证研究中分析了消费者常见的信任问题，并提出通过完善互联网监管、提升服务体验、提高产品质量、提升顾客满意度、构建售后服务支撑来提高顾客的购买意愿。

（3）网络环境下对信任的中介作用的研究。仲晓密（2017）从线下线上消费者的信任转移进行研究，把顾客信任作为中介对模型进行检验，指出线下和线上多渠道营销策略的信息契合度对顾客信任起直接作用，并且直接影响消费者的购买决定。Llyoo et al（2013）以信任为中介变量，通过网络购物的感知风险对消费者购买意愿的影响展开研究。梦非（2012）从感知的功能价值和情感价值角度对网络环境下意见领袖对消费者购买意愿的影响进行分析。潘可也（2013）、吴秋琴（2012）等学者也以信任为中介变量，从网络口碑、网站质量、已购用户评论等因素对消费者购买决定的影响进行了实证研究。

这些研究表明，网络口碑、商家信誉、支付安全、产品质量等因素影响着消费者的购买信任，而信任又对消费者的购买行为起间接或直接的作用。

2.3　消费者购买决策行为机制研究

2.3.1　行为人决策层面的研究

诺贝尔经济学奖得主西蒙（Simon）于 20 世纪 40 年代基于"有限理性的管理人""决策者是有限理性"的假设提出了行为人决策理论。相较于古典决策理论认为人是绝对理性的"经济人"而言，该理论认为，绝对理性在现实生活中是不可能的，决策者要综合考虑实际决策中的动机、认知、经验等方面的限制，因此是有限理性的。这一理论的假设更符合客观实际和真实的人的行为决策机制，因此迅速在心理学、社会学、消费行为学等领域得到发展。

Sloman（1996）、Stanovich 等（2000）在研究中提出了行为人决策双系统，这是行为人决策理论研究的重要突破，其中，双系统包括启发式系统（Heuristic System）和理性分析系统（Analytic System）。双系统理论假设的这两个推理系统运行特点完全不同，又相互影响，帮助行为人做出最终决策。

Kahneman（2003）、Neys（2006）、王朝云和程丽（2017）等国内外专家学者在双系统理论的研究中发现，启发式系统主要是行为人根据自身的知识和信念来进行决策，反应迅速、自动运行、具有关联性，决策结果相对难以被控制、被修改；而理性分析系统主要是行为人根据自己的逻辑习惯来进行决策，反应缓慢，需要行为人进行资源计算，具有慎重控制性，决策结果相对比较灵活，具有可修改性。

Petty et al（1999）在双系统运行效果的研究中发现，启发式系统和理性分析系统共同影响决策结果。当两个系统的方向一致时，启发式系统会自动成为决策默认系统，并迅速提供决策结论，这种情况下的决策往往在理性和直觉上都是最佳选择；当两个系统的方向不一致时，在实际情境中占有优势的系统就会成为决策竞争的获胜者，并最终控制决策的结果。

国内外研究表明，启发式系统往往在竞争中更容易占据主导地位。Stanovich 等（2000）提出，当两个系统的方向不一致时，理性分析系统会对启发式系统的决策结果进行修正。Ferreira et al（2006）提出，理性分析系统在认知出现负荷增加的情况下，其决策过程更容易受到影响。孙彦等（2007）、郑君君（2016）在研究中发现，启发式系统存在加工速度快、不占用或者少占用心理资源、依赖于直觉、易受刻板印象等特征的影响，决策人能够清晰地意识到决策的结果，但对于决策过程往往意识不到；而理性分析系统虽然运行速度慢、占用心理资源多，但更遵从思维逻辑和规则，它依赖于理性分析，不容易受到干扰，且决策者的决策过程和决策结果都能被清晰地意识到。

Tversky et al（1974）在研究中发现，启发式系统是决策中默认的占优系统。Kahneman（2003）提出，决策人在决策过程中主要依赖直觉，且受直觉规则约束。在客观情境下依赖于直觉进行决策的方式被称为直觉启发式决策。根据决策人对经验、信念等提取、使用方式的不同，直觉启发式中可以分为四种类型：代表性启发式（Representativeness）、可及性启发式（Accessibility）、模拟启发式（Simulation）、锚定启发式（Anchoring）。虽然决策者的直觉启发式系统可以通过相似性、关联性的经验来减少决策过程的复杂性，但是有可能会导致更为严重的失误。

在国内外学者对直觉启发式决策的研究成果中，Petty et al（1999）提出，决策者可能因为低动机水平导致出现认知懒惰或者因信息加工高负荷而出现认知繁忙的情况，而理性分析系统很难对直觉启发式系统出现的非理性偏差进行纠正。Loewenstein（2000）从情感心理学的角度提出，高动机、高情绪的状态会减少决策者对其他方面思考的可及性，更容易唤醒当下相关情感、需求的注意，也就是决策时情感占优的情况。Epley 和 Gilovich 在 2004 年的研究成果中提出，启发式系统因为加工速度快，所以直觉判断往往领先一步，而理性分析系统对结果更深一步进行理性调整（Adjustment），但是这种理性调整往往又存在着不充分性。Epley 和 Gilovich 又在后续研究中排除了认知繁忙和认知懒惰等因素，发现调整仍然存在不充分性，决策结果仍然有非理性偏差。张慧玉、李华晶（2016）对创业者的决策实践进行了研究分析，认为相比于冲动错误（Rash Error）而言，决策者更容易出现谨慎错误（Cautious Error）。这些研究成果从不同方面得出了直觉启发式决策存在的局限性，即因为认知的有限性、情感影响及理性调整不充分的情况，反而更容易导致决策出现偏误。

2.3.2 消费者购买决策研究

1. 消费者购买决策理论

消费者行为研究一直是学者们感兴趣的课题，特别是在营销理念从产品导向转换为需求导向之后，研究消费者的购买决策具有重要的意义。它是根据消费者自身内在需求产生的购买动机，在该动机的驱使下，消费者对产品进行信息收集、整理和对比，从众多产品中挑选出最佳选择并发生购买行动的过程。国内外学者从多角度对消费者的购买决策进行了深入的研究，提出消费者决策的三种理论：一是以马斯洛（Maslow）的五层次需求理论和勒温（Lewin）的心理动力学理论为研究基础的内因决定论，认为消费者购买的决策主要由需要、内动力、本能和特质等内在因素决定。不过，在后续的研究中，许多学者也发现消费者不可能脱离外部环境独立决策，该理论忽略了外部因素的干扰。二是以华生（Watson）的刺激-反应理论为研究基础的外因决定论，认为消费者购买的决策除了受到内部因素的影响之外，还受到外部环境的影响。内部因素的作用主要是传递刺激，而外部环境的刺激才是影响决策的主要原因，不考虑内因对消费者决策的影响有一定的局限性。三是以班杜拉（Bandura）为代表提出的内外因共同决定理论，它综合了内因决定论和外因决定论的理论研究，认为消费者的决策是在内部因素和外部刺激的相互作用下形成的，内部因素和外部刺激互相影响、彼此作用，共同影响消费者的行为。

2. 消费者购买决策模型

购买决策就是消费者从购物开始到完成所采取的步骤，现有研究中消费者购买决策的模型主要有两个：

第一个是消费者决策的五阶段模型（见图 2-2），该模型基于"消费者为理性人"的假设，认为消费者可以做出理性判断。因此，消费者做出购买决策一般要经过认知问题、搜寻信息、评价备选方案、选择与决策、购后评价等五个阶段。其中，认知问题即消费者对自我需求的认知，自我需求可能来自自身内部因素，也可能来自外部刺激。搜寻信息主要包括了解产品性能、性价比等内容，是消费者发挥主观能动性对产品及服务进行了解的过程。随着网络的飞速发展，信息搜寻的方式也越来越多样。消费者经过搜寻信息，得出备选方案。选择与决策是通过对备选方案的比较得出最终方案，并由消费者完成购买行为。最后在使用产品或享受服务之后，消费者对本次购买体验进行评价，即信息反馈。

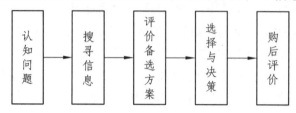

图 2-2   消费者决策的五阶段模型

第二个是布莱克韦尔（Blackwell）提出的消费者决策的七阶段模型（见图 2-3），该模型是在五阶段模型的基础上，增加了使用和处置两个阶段。其中，使用是消费者在购买商品后，体验产品或服务的过程；处置是对使用进行正负向评价后导致的消费者行动。正向评价可能会使用户在多次消费后仍继续使用或推荐给他人使用，而负向评价可能会让用户停止对相关产品或服务的使用。该模型对消费者的决策和体验进行了完善，特别是对网络购物流程的描述更加切实和准确。网络购物中，买卖双方信息不对称，导致消费者在搜集资料阶段，要花费更多的时间成本去充分了解信息；而买家评价成为重要的信息来源，它对消费者在购买前进行评估起着重要的作用。在产品使用或服务体验之后，消费者对产品或服务做出评价，随后，买卖双方分别对评价结果进行处置和信息反馈。

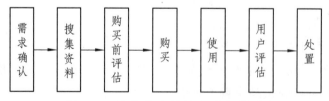

图 2-3   消费者决策的七阶段模型

上述两个模型基本概括了消费者购买决策过程的几个步骤，从这两个模型可以看出，搜集资料和正负向评价是决策的重要阶段。消费者在有需求可能时对商品或服务搜集资料进行分析与判断，决定是否实施购买行为，使用后正负向评价结果直接决定了消费者是否再次购买或者推荐给他人购买。而在网络环境的放大效应下，用户在购物后的评价信息给其他用户的消费提供了更多的参考信息，对消费决策的作用也更加明显。

2.4　消费者购买意向相关研究

2.4.1　消费者购买意向的定义

购买意向（Purchasing Intention）是心理学研究领域中的一个非常重要的分支。购买意向是消费者的主观性在特定购买行为中所表现出的倾向性，是其实际购买行为的指示信号。一般情况下，它是根据消费者在某段时间里就某个商品购买可能性转移的速度、方向和规模来测量的（林崇德，2003）。在消费者行为学领域，购买意向更多指的是一次决策过程，是消费者能否做出购买决策的可能性。Paul et al（1977）根据研究指出，购买意向体现的是消费者在内心进行的一种是否购买的思考。通常，消费者依据自身经验和外部环境去购物平台上搜索商品消息，随后进行评估，并思考商品是否匹配自身购物需求，最终决定是否发生购物行为。Dodds et al（1991）认为，消费者的购买意向最终决定消费者的购买行为，并且购买意向会受到外在因素的作用，从而直接影响消费者对于商品和服务的态度，进而影响购买行为。Fishbein et al（1975）认为，购买意向存在的前提是消费者本身对某一产品具有浓厚的兴趣，这样才在最后导致其实际购买行为的产生，所以消费者的行为会随着心理的变化而变化。因此，从这种意义上说，研究消费者心理具有非常重要的价值。Andreu et al（2006）将推荐意向及再购意向作为指标，来计算与衡量消费者的购买意向，从而预判消费者是否会继续对该企业的相关产品及服务产生购买倾向。

现在的商品销售大多通过分析消费者的购买意向，从而对消费者购买行为发生的可能性进行预判。当前，线上营销时，网络平台通过一定方式来了解消费者的购买意向，并以此为依据来策划如何推广后续的新产品，这样的商业思维模式就好比经济学家以消费者的消费意向为依据来大胆预测未来经济发展的总体趋势。

2.4.2　消费者购买意向的主要理论

购买意向属于意向的一种。个体愿意实行某种行为的主观概率就是意向，即个体为实现目的而付出的努力程度。Gary（1985），Sinha et al（1998），韩睿和田志龙（2005）等人的研究表明，购买意向是消费者实施购买行为的主观倾向性或可能性，且早于购买行为产生。Gary（1985）还指出，一些内外部因素综合起来共同影响了消费者的购买意向。由于购买意向在前，购买行为在后，前者影响后者，因此越来越多的学者开始把研究重点放在两者的关系上。

Fischbein et al（1975）提出了理性行为理论（Theory of Reasoned Action，简称 TRA），该理论假设人是理性的，即在做出行动前会综合各方面因素来衡量具体行为发生的后果和意义；通过认知的形成过程，提出影响个体行为决策的原因是自身主观的意愿和态度。这个模型还指出，有两方面的因素影响消费者的购买意向：一是消费者本人的购物态度；二是消费者对于外部环境影响自身购买行为的一种认知。在当时，这一模型被认为是阐述、预判消费者购买意向的主要理论模型。Davis（1989）以 TRA 为基础，通过研究用户对计算机信息系统的接受程度提出了技术接受模型（Technology Acceptance Model，简称 TAM）。最初提出这个模型是想分析计算机被人们普遍接纳的决定性因素，概括起来主要有两方面：（1）计算机带来的实用性（Usefulness），即为人们的生活带来了极大的帮助；（2）计算机技术的易用性（Ease of Use），即人们比较容易掌握计算机的相关技术，这从某一侧面也说明人类对电子计算机的应用具有强大的学习能力。技术接受模型提出之后，被广泛应用于各类线上商业活动中。Featherman 和 Pavfou（2003）将技术接受模型与信任研究相结合，在对网络服务的实验研究中，探讨了网购风险，即在 TAM 的基础上增加了感知风险这一因素，而且证实了用户在社交网络服务中存在各种维度的风险。因此，在研究消费者购买意向问题时，要依据大样本数据证明网店塑造形象会直接影响顾客的信任度。

Conner et al（1998）认为，消费者知觉行为控制、主观规范以及用户态度等三个因素是造成其行为意向改变的原因。青平和李崇光（2005）认为，影响消费者购买意向的因素是个人对商品的态度、控制自身购物行为的能力以及来自外界他人的影响等。Shang et al（2017）对社交网站中关于购买意向的消费者共鸣生成进行了研究，认为内容满足、社会关系满足、自我展示满足等三个方面会对购买意向产生影响。

基于上述对消费者购买意向的相关研究的文献整理，笔者对购买意向与购买行为的关系等方面以及部分模型进行了简述，现着重梳理三个关于消费者购买意向的主要理论。

1. 计划行为理论的购买意向研究

计划行为理论（Theory of Planned Behavior，简称 TPB）是社会心理学中最知名的态度行为关系理论，它广泛地应用于人们生活中的众多领域。很多研究成果表明，该理论在提高解释行为、预测行为准确度方面效果显著。计划行为理论是 Ajzen（1988）在 Fischbein et al（1975）的理性行为理论（TRA）基础上的扩展研究，只是增加了一项"自我行为控制认知"这一新概念。作为影响行为的最直接原因，计划行为理论指出，行为意向决定行为的发生，消费者的知觉行为控制、社会规范及行为态度又会影响行为意向。行为意向反映个体实行某一种行为的动机，表现在为了实行这种行为所愿意付出的时间和精力。

消费者计划行为理论主要由三个层面的内容构成：第一个层面指的是行为意向，表现为消费者对购物的态度和对怎样实施购买行为的预测。第二个层面是行为意向受到三方面相关因素的影响，分别是消费者对商品的态度（行为态度：Attitude）、身边人对消费者消费行为的评价（主观规范：Subjective norm）、消费者对自身控制消费行为程度的预判（知觉行为控制：Perceived Behavioral Control），并且这三大影响因素与消费意向呈正相关。换句话说，如果消费者对商品本身具有正面、积极的态度，其身边的亲朋好友对其消费行为也支持，并且消费者相信自己有能力控制消费行为，那么对该商品就会产生强烈的消费意向。第三个层面是第二个层面内容的因素分析。具体而言，强烈的消费态度建立在消费行为所带来的巨大利益基础之上，即利益越大，态度越强烈；消费者购买行为的产生建立在周围人对该商品的正向评价基础之上，即评价越高，产生购买行为的概率越大；消费者控制消费行为的能力建立在自身拥有的信心基础之上，即越有信心控制消费行为，购买行为发生的概率越大（李慧梅 等，2009）。

2. 感知价值理论的购买意向研究

自 20 世纪 70 年代以来，企业为了在消费者层面获得竞争优势，从以产品为导向、以质量为核心，逐渐转变为以消费者为中心、争取顾客满意度与忠诚度为目标，一直发展到 90 年代。现在，越来越多的学者开始关注消费者感知价值（Customer Perceived Value，简称 CPV），其概念伴随着研究的拓展而不断完善。从目前的研究成果来看，不同学者从不同研究视角定义了消费者的感知价值，在国内外还未达成统一共识。其中，Zeithaml（1988）的研究具有一定的代表性，他认为，顾客感知价值是顾客在使用产品或服务所得（感知利益：Perceived Benefits）与自身付出代价（感知付出：Perceived Sacrifices）的基础上，对企业提供的产品或服务的主观感受和整体评价。Zeithaml 从产品或服务的价值认知角度给出了顾客感知价值的定义，这对企业转变营销理念具有重要的指导意义，即企业应明确顾客感知价值不是企业的自我评估，而是来自顾客的主观感受，因此，企业应注意将更多的营销重点放在顾客的体验上。

在消费过程中顾客的表现是兼顾理性与非理性的。大部分情况下，顾客价值来源于顾客本身对产品或服务的真实的购物体验，而绝不是仅仅取决于某单一因素。从 Woodruff（1997）关于消费者价值的研究中也可以看出，他强调其经验特性，并且结合这一特性认为消费者价值是在特定情境中，消费者感知到的产品特质、效用及使用效果这三个方面在实现或阻止用户想要达到的目的的真实体验。消费者在选购某个商品的时候，一般会追求商品价值最大化，不仅会看商品所带来的总体利益（购买该商品或服务的时候所产生的经济利益、功能利益和心理利益的总和），而且会测算购买这件商品所付出的总体成本（在获取、使用、维护、拥有和处置该商品或服务的时候所产生的货币成本、心理成本、时间成本和精力成本的总和）。在购买这件商品或服务所得到的总体利益减去付出的总体成本后，如果差额大于 0，消费者就会选择购买；如果差额小于 0，消费者就会选择放弃（Kotler，2001）。

3. 感知风险理论的购买意向研究

在 1960 年美国第 43 届营销协会年会上，哈佛大学的研究学者雷蒙德·鲍尔（Raymond Bauer）第一次把感知风险（Perceived Risk）这一新概念引入了市场营销学中。Bauer（1964）认为，受到各种因素的影响，消费者无法对自己每次购买行为的预期结果做出准确的判断，即也有可能出现让消费者不悦的情况，风险最初的概念就来源于这种不确定性。此外，在研究中，Bauer 基于以下两方面考虑，强调他提出的风险，不是针对客观存在的风险，而是个体能够主观感知到的风险。（1）通常情况下，由于处于复杂购物情景之中，消费者通常无法对面临的风险做出精准判断；（2）即便消费者能够精准判断所面临的风险，最终也是由个体主观感知的风险来促使相关行为的产生，而不是由客观存在的风险直接导致行为的发生。感知风险理论认为，通常消费者不能准确预判消费行为结果，因此，在实施消费行为时，实际上消费者承担了某种潜在风险，是一种风险行为。在 Bauer 提出此理论后，越来越多的学者也开始研究感知风险（Sheth et al，1968；Spence et al，1970；Bettman，1973；Taylor，1974；Peter，1976；Dowling，1986；Mitchell，1992；Boustani et al，1993），研究方向主要分为五个方面：感知风险的本质、感知风险的构成、感知风险与产品或服务的关系、个体差异对感知风险的影响、感知风险的衡量（Havlena et al，1991）。

Roselius（1971）在研究中，对四种类型的损失进行了详细分析，即自我损失，时间损失，金钱损失，机会损失。同时，他进一步讨论了降低各种类型损失的问题，研究指出，在对待损失问题方面，消费者经常将其与消费中遇到的支付情境一起考虑。Jacoby 和 Kaplan（1972）指出，总体感知风险分为以下五种类型，分别是功能风险（Performance Risk）、心理风险（Psychological Risk）、身体风险（Physical Risk）、财务风险（Financial Risk）和社会风险（Social Risk）。经过进一步分析得出，以上感知风险对总体感知风险的解释能力达 61.5%。在归纳总结前人研究的基础上，Peter 和 Tarpey（1975）在后续研究中增加了一项时间风险（Time Risk），即六个维度可以解释 88.8%的总体认知风险。这些研究成果综合表明，学者从风险多维度进行分析可获得较实用的信息，也能在降低风险上提出更有针对性的措施。Kotler（2001）指出，消费者做出购买行为就是对产品认可的最直接体现。受到感知风险影响，消费者往往会改变、延后或取消购买。在感知风险理论中，线上购物环境的不确定性和后果的不可预测性，使消费者在网络环境下会感知到各种风险，且感知到的风险越多，购买的可能性越小。因此，在购买之前，消费者往往通过获取有效信息、选择品牌产品等方式来降低购买风险；而企业可采取质量保证、退款保证等营销策略来降低消费者的购买风险感知。

2.4.3　消费者信任对购买意向的影响研究

受到多种因素影响，网购平台环境复杂，充满很多未知和潜在危险，网络中的信任问题突出。从某种程度上说，社交网络中的信任问题比实体购物情境中的信任问题更具迫切性，需要重点关注。近期，越来越多的学者开始关注并研究网络信任，并强调信任是促使网络交易成功的核心所在（Deng et al，2016；Hajli，2015；Hillman et al，2017）。Koufaris（2004）和 Pavlou（2003）均在研究中指出，信任在提高消费者购买意向中效果显著。此外，Pavlou（2003）运用实证研究，还提出了新的观点：用信任来改进技术接受模型，研究发现，通过提高交易双方的信任度可以提高消费者的感知有用性和感知易用性，进而提高消费者的购买意向。Catherine et al（2002）对虚拟社区信任进行了深入的探讨，指出，虚拟社区个体之间信息的相互传播对个体之间的信任有一定的影响，同时，个体的行为意向也受到较为明显的影响。Chung et al（2015）研究了社交网络服务中社交因素对感知有用性构建的影响。

在学者张宇（2008）的研究中，研究主题是社交网络互动对消费者购买意向的影响，其中把信任作为研究的中介变量，并且结合四个角度：互动场所、互动对象、互动方式和互动特性，建立了一个关于社交网络互动对消费者购买意向影响的模型。通过模型可以看出，在社交网络下，人们的互动程度越高，人们之间的信任度就越高，进而消费者的购买意向就越强烈。具体模型见图 2-4。

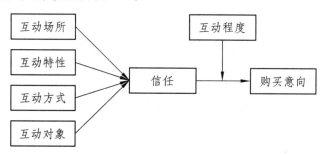

图 2-4　社交网络互动对消费者意愿的模型简图

在社会化大背景下，社会化电子商务比传统电商更加强调社会交互性这一特性。人们通过社交电商平台共享已有的购物经历和心得，共同探讨购买相关行为，彼此间的信任度会越来越高。陈洋（2013）、张瑜（2014）和梦非（2012），把信任作为研究的中介变量，采取实证研究的方式对社会化电子商务消费者购买意向的影响机制进行了研究，研究发现，购买意向直接受信任的影响。

现在，网络购物已成为人们生活中不可或缺的一部分，信任在电子商务交易中的作用也越发显著，消费者对企业的信任和购买意向之间的关系受到许多学者的关注。Gefen et al（2003）指出，交易双方之间的信任度在促使交易成功方面发挥着重要作用。然而，在社会化电子商务中，交易双方相对陌生，相互之间不够了解与熟悉，而在网络电商环境中，卖家处于更有利的位置来保护自身利益，消费者作为买家无法真正接触到实体商品，处于相对劣势，因此，容易让买家对卖家产生不信任感；相反，如果买方充分信任卖方，则有利于使交易成功。众多研究成果充分表明，信任在双方交易中扮演着重要的桥梁和联结作用，不断促使交易成功，即信任直接影响消费者的购买意向（Abdyldaev Atai，2016）。因此，消费者往往会选择口碑、信誉良好，且信任度高的商家，进而使交易成功率越来越高，最终在买卖双方信任的基础上，实现双方共赢。

2.5　研究评述及展望

社交网络服务与人们的生活相融相通，社交网络服务中丰富的内容和关系资源正在逐渐改变着人们的社交模式和决策机制。随着社会化商务的发展，越来越多的社交网络服务平台在其网站上加入商务应用或直接与电子商务网站相结合，使越来越多的用户产生由社交行为驱动的购买决策行为。因而，社交网络服务中的消费行为作为一个热点问题已经受到更多国内外学者的关注。

信任这一主题已经成为现代企业所广泛讨论的问题，大多数学者的研究表明，影响顾客产生购买意向的重要因素正是信任。买卖双方建立密切关系、构建和维系关系的关键要素之一的信任，在管理学与组织行为学理论中被定义为一种意愿，这种意愿依赖于交换双方是否具有可信和可依靠性。目前，关于社交网络中消费者购买意向的研究已有很多。比如，学者们认为，社交媒体服务存在技术特征、社会特征、个体特征。学者们为了解释人们加入在线社区的原因，提出了 H 维理论模型，认为在线社区有社会因素（寻求声誉与归属感）、留言板（感知有用性和娱乐价值）。信任可以影响社交网络中消费者的决策过程、决策质量等消费行为，消费者的社会关系会影响消费者的购买意向，影响消费者信任度的因素与消费者购买意向之间存在一定的联系（Peng et al，2017）。

社交网络服务中消费者的信任度与购买意向之间关系的研究是非常系统的，不同的消费者对不同企业、不同产品的信任度的区别很大，难以用一个统一的模式来定义消费者的信任。虽然目前关于消费者信任、消费者购买意向的研究取得了一些成果，但针对社交网络服务中信任如何影响消费者购买意向的研究还很少。

综上，信任在社交网络服务环境下至关重要。社交网络服务平台要想获得较为稳固的客户群体，在竞争中保持优势，必须拥有一个良好的信任度。社交网络服务平台本身的特征会影响消费者的信任和购买意向。目前，基于社交网络服务环境，学者们对单个因素展开了研究，或者对两个因素之间的比较关系做出了一些研究，但均没有系统而全面地研究消费者信任度与其购买意向之间的关系，更没有将社交网络服务、消费者信任度、购买意向联系在一起探讨其相互关系及影响，因此，将三者纳入同一个框架体系下进行研究是今后一个重要的研究方向。

第 3 章　基于 Delphi 法的
社交网络服务中信任行为分类研究

3.1　研究概述

社交网络服务中的信任，不论在理论界还是在实际应用中，都是社交网络向社会化商务发展的最重要的推手和助手之一。因对其研究价值的认识越来越清晰，对其所做的研究也就越来越多，但社交网络服务中信任本身的复杂性、多样性和难以测量等特征，使其虽然被重视，但研究层面更多地停留在对概念的界定等方面，深入程度还不够。在第二章的文献综述部分，对信任的概念、信任的特征、信任管理以及信任评估都做了梳理，但并未深入研究社交网络服务中的信任行为及其延伸。本章将使用 Delphi 方法，首先探究关于社交网络服务中信任的具体行为种类，以形成信任行为初始指标库，然后对指标库进行精简和分类，并将剩余指标分成四个类别，最后构建成分类框架。

相对于调查法、文献综述法，Delphi 法首先收集并汇总社交网络服务中基于信任的具体行为，随后通过卡片分类或内容分析（Moore and Benbasat，1991）等方法对收集到的具体行为进行分类。Delphi 法是一种相较于其他方法更稳健有效的理论框架开发方法，这种方法通过收集不同专家的意见，将其中相对统一的意见总结归纳使用，从而减少了利益相关者之间的冲突（Nevo and Chan，2007）。Delphi 法的主要特征是对整个过程的控制较严格，主要应用在理论框架或某一概念的开发上面（Okoli and Pawlowski，2004）。

3.2　社交网络服务中信任行为界定与分类

本章在对 Delphi 迭代过程的研究和具体分析中，组织了两组由不同人员组成的专家小组，共 17 名研究成员。Okoli 和 Pawlowski（2004）曾多次在调查实践中发现，通过 Delphi 迭代过程来分析研究设置小组时，每组成员数在 9~10 名最为适宜。本研究设置两个小组，小组人数相近以使两组专家意见相平衡。这既能真实体现学者本身的观点，又能较为客观地反映社交网络服务中用户信任的真实行为。

专家小组的第一组成员有 9 名，是随机选取的学生，他们都是目前社交网络服务中的活跃用户，是通过朋友圈里的活跃程度、使用时长、好友数等多个指标综合选择得到的。随着手机功能的优化，他们每天会多次登录社交网站、社交平台等，并在社交网站和社交平台中发表关于社交性质的内容、参与网络平台交互等。选取的这 9 名成员主要活跃在微信朋友圈中。微信朋友圈指的是由腾讯公司开发的主要应用于手机的一个应用程序（Application）社交平台。大部分微信用户是通过下载微信 APP 的方式，登录并发布文字或图片的，当然也可以利用转发功能将其他网站、社交平台的文章、音乐等分享到自己的朋友圈。微信用户发送文字和照片等信息后，其好友可以对新发的朋友圈状态进行点赞或评论，用户本身可以对评论进行回复，这样就形成了一次社交，而且用户之间只有互为好友才可以看到彼此的评论或点赞。

第二个小组的 8 名成员均是学术研究者，主要研究方向是人机交互。他们对社交网络服务和用户的行为比较熟悉，对用户网上行为分析有较丰富的研究经历和成果，他们的理论有利于社交网络服务中用户信任分类框架的构建。

本研究遵循 Delphi 法的标准流程（Okoli and Pawlowski，2004），包括三个阶段：第一阶段，通过头脑风暴法，分析统计形成社交网络服务中的信任指标库；第二阶段，对形成的社交网络服务中的信任指标库进行精简分类；第三阶段，以基本达到统一为目标，对剩余的信任指标进行类别划分。具体操作如图 3-1 所示。

第一阶段：头脑风暴	小组成员：9 名社交网络服务中的实际用户。 步骤 1：让小组成员列出尽可能多的信任行为； 步骤 2：确认他们列出的行为，对步骤 1 进行迭代

第二阶段： 精简	小组成员：9 名社交网络服务中的实际用户和 8 名相关研究人员。 步骤 1：考虑信任行为对社交网络服务网站贡献了什么，选择贡献最大的 10 个具体信任行为； 步骤 2：保留被 50%以上小组成员选择的指标，对步骤 1 进行迭代

第三阶段： 分类	小组成员：9 名社交网络服务中的实际用户和 8 名相关研究人员。 步骤 1：考虑信任行为对社交网络服务网站贡献了什么，将剩余指标进行分类； 步骤 2：对分类指标进行统计和聚合，对步骤 1 进行迭代，直到达到一致和稳定的结果

图 3-1　用 Delphi 法研究社交网络服务用户具体信任行为

在第一阶段，由第一小组的 9 名成员列出在社交网络服务中可能发生的行为，每位成员最少提供 9 个给研究小组，因为 9 名成员均是真实的社交网络服务用户，他们提交的清单是较为全面和详尽的，也是可以真实反映社交网络用户行为的。研究人员统计大家提交的行为清单，合并重复的，去掉无效的，共产生了 28 个指标。结果出来后，研究人员将此结果交给每一位小组成员，让小组成员进行新一轮确认，主要是对指标的有效性进行确认，查找并增加他们之前遗漏却真实存在的指标。经过这一轮的迭代过程，共计新增指标 3 个，加上原有 28 个，共计 31 个，这 31 个指标反映了社交网络服务的用户信任行为（见表 3-1）。

表 3-1　社交网络服务用户具体信任行为

序号	社交网络服务用户具体信任行为	序号	社交网络服务用户具体信任行为
1	发布朋友圈说说	5	分享其他链接到朋友圈
2	上传照片或视频	6	关注公众号
3	分享好友的分享	7	创建群聊
4	分享好友的照片或视频	8	加入或参与群聊

续表

序号	社交网络服务用户具体信任行为	序号	社交网络服务用户具体信任行为
9	接受添加好友申请	21	公开自己的朋友圈查看权限
10	添加好友申请	22	关闭自己的朋友圈查看权限
11	响应好友的邀请	23	查看朋友圈的官方广告
12	与群组进行交互	24	转发朋友圈的官方广告
13	参与好友的话题	25	*阅读好友发来的信息*
14	观看好友朋友圈动态	26	*通过社交网络服务与好友聊天*
15	给好友朋友圈点赞	27	*设置微信头像*
16	评论好友朋友圈	28	*设置微信名称*
17	使用社交网络服务嵌入应用	29	*设置黑名单*
18	查看好友的个人信息	30	*删除好友*
19	查看好友的近况	31	*设置封面*
20	查看好友的照片		

注释：斜体部分是在第二阶段被去掉的指标项。

在第二阶段，两个专家小组的 17 名成员一起工作，对上述清单中的 31 个反映社交网络服务用户信任的行为进行一轮精简，精简的主要依据是清单中列举的社交网络服务用户信任行为对社交网络服务网站在资源方面具体有哪些贡献，并从这 31 个指标中选出至少 10 个对社交网络服务的具体内容和关系资源等方面的贡献具有重要作用的（Liang et al, 2011）。为了尽量减少偏差，研究者将这 31 个指标打乱了顺序，随机重新排列；由 17 名成员提供精简结果，再由研究人员汇总收到的选择结果。根据指标选择依据和准则（Okoli and Pawlowski, 2004），研究人员将其中被 50%以上的专家都选择的指标汇总出来。经过此阶段的迭代，再一次删去 7 个指标，最后剩余 24 个指标；被删去的 7 个指标在表 3-1 中以斜体显示。

在第三阶段，对 24 个剩余的社交网络服务用户信任行为进行分类。首先，17 名小组成员被要求考虑两个问题：第一个问题是该信任行为对社交网络服务网站是否贡献了内容和关系资源；第二个问题是该信任行为的结果对社交网络服务网站的内容最终是起到了创造和传播作用，还是起到了构建或者维持的作用？在回答问题之后，研究小组汇总答案，并将这 24 个 SNS 用户活跃行为分成了四大类，分别是内容创造行为、内容传播行为、信任构建行为和信任维持行为（陈爱辉，2014）。与此同时，还要求每个成员对分类结果进行清晰简洁的解释。经过这样一轮分类和意见整合，研究小组将最后的汇总结果再一次返还给两个小组成员，让他们再一次对结果进行判定，并做出相应的修改。如此迭代四次后，所有的专家成员对反复得出的分类结果是经过充分考虑的，对分类的最终结果也是比较满意的，他们都表示不会再做修改。

　　共识度是指大多数人认同或不认同某种意见或某个结果的程度，此处的大多数人是指超过一半，即 50%（Gracht，2012）。变异系数 V 是用来描述数据分布的一种离差的标准测量，是通过标准差除以平均值得到的结果，这个结果反映了一致性水平，一般是无量纲的数值（Gracht，2012）。使用变异系数反映一致性水平的标准是由 English and Kernan（1976）提出的。笔者在统计结果相对一致且稳定的前提下，通过共识度及变异系数两个指标对结果进行一致性检验，结果如表 3-2 所示。

表 3-2　用 Delphi 法研究的分类结果

维　度	指标项	共识度	变异系数
内容创造行为	发布朋友圈说说	95.1%	0.231
	上传照片或视频	100%	0
内容传播行为	分享好友的分享	78.9%	0.531
	分享好友的照片或视频	100%	0
	分享其他链接到朋友圈	95.1%	0.231
	关注公众号	79.3%	0.495
信任构建行为	创建群聊	87%	0.389
	加入或参与群聊	95.1%	0.231
	接受添加好友申请	79.9%	0.412
信任构建行为	添加好友申请	45.8%（删除）	1.02（删除）
	响应好友的邀请	95.1%	0.231

续表

维　度	指标项	共识度	变异系数
信任维持行为	与群组进行交互	88.4%	0.321
	参与好友的话题	95.1%	0.231
信任维持行为	观看好友朋友圈动态	95.1%	0.231
	给好友朋友圈点赞	100%	0
	评论好友朋友圈	95.1%	0.231
	使用社交网络服务嵌入应用	100%	0
	查看好友的个人信息	68.8%	0.724
	查看好友的近况	69.3%	0.758
	查看好友的照片	95.1%	0.231
	公开自己的朋友圈查看权限	100%	0
	关闭自己的朋友圈查看权限	95.1%	0.231
	查看朋友圈的官方广告	58.9%	0.89（删除）
	转发朋友圈的官方广告	60%	0.815（删除）

从表 3-2 可知，"添加好友申请"的共识度仅为 45.8%，低于 50%，未达到满意水平，而其他指标均高于 50%，在成员共识度上达到了满意水平。在一致性方面，变异系数 $V<0.5$ 的 18 个指标的一致性较高；变异系数 $0.5<V<0.8$ 的 3 个指标的一致性中等；变异系数 $V>0.8$ 的 3 个指标的一致性较低，分别为"添加好友申请""查看朋友圈的官方广告""转发朋友圈的官方广告"。按照 Gracht（2012）的研究建议，在项目中去掉一致性较低的 3 个指标。

接下来，用模糊层次分析法对信任分类框架进行检验。通过表 3-2 的结果建立评价指标体系，如表 3-3 所示。以常用的 1~9 级标度法作为评价标度（见表 3-4），对准则层因素和指标层因素的重要程度进行两两比较，并予以赋值，从而构造出判断矩阵，形成比较判断矩阵，即 $A=(a_{ij})_{n\times m}$，其中 a_{ij} 表示第 i 个因素对第 j 个因素的比较结果。

表 3-3　社交网络服务中信任评价指标体系

目标层	准则层（一级指标）	指标层（二级指标）
社交网络服务中的信任 A	内容创造行为 B_1	发布朋友圈说说 C_{11}
		上传照片或视频 C_{12}
	内容传播行为 B_2	分享好友的分享 C_{21}
		分享好友的照片或视频 C_{22}
		分享其他链接到朋友圈 C_{23}
		关注公众号 C_{24}
	信任构建行为 B_3	创建群聊 C_{31}
		加入或参与群聊 C_{32}
		接受添加好友申请 C_{33}
		响应好友的邀请 C_{34}
	信任维持行为 B_4	与群组进行交互 C_{41}
		参与好友的话题 C_{42}
		观看好友朋友圈动态 C_{43}
		给好友朋友圈点赞 C_{44}
		评论好友朋友圈 C_{45}
		使用社交网络服务嵌入应用 C_{46}
		查看好友的个人信息 C_{47}
		查看好友的近况 C_{48}
		查看好友的照片 C_{49}
		公开自己的朋友圈查看权限 C_{410}
		关闭自己的朋友圈查看权限 C_{411}

生成判断矩阵：

$$A = \begin{bmatrix} a_{11} & a_{12} & \cdots & a_{1m} \\ a_{21} & a_{22} & \cdots & a_{2m} \\ \vdots & \vdots & & \vdots \\ a_{n1} & a_{n2} & \cdots & a_{nm} \end{bmatrix}$$

表 3-4　重要度评价准则

a_{ij} 标度	a_{ij} 含义
1	表示两因素相比，i 比 j 同等重要
3	表示两因素相比，i 比 j 稍微重要
5	表示两因素相比，i 比 j 明显重要
7	表示两因素相比，i 比 j 强烈重要
9	表示两因素相比，i 比 j 极端重要
2，4，6，8	表示上述相邻判断的中间值

对指标按照以下公式做正规化处理：

$$\overline{a}_{ij} = \frac{a_{ij}}{\sum_{i=1}^{n} a_{ij}} \quad (i = 1, 2, \cdots, n)$$

对正规化处理后的判断矩阵进行逐行相加求和，得到：

$$\overline{W}_i = \sum_{j=1}^{m} \overline{a}_{ij} \quad (i = 1, 2, \cdots, n)$$

再根据以下公式对所得数据做归一化处理：

$$W_i = \frac{\overline{W}_i}{\sum_{i=1}^{n} \overline{W}_i} \quad (i = 1, 2, \cdots, n)$$

各指标的权重值是特征向量：

$$W = [W_i] = [\overline{W}_1, \overline{W}_2, \cdots, \overline{W}_n]^{\mathrm{T}}$$

然后，计算判断矩阵的最大特征值 $\lambda_{\max} = \sum_{i=1}^{n} \frac{(AW)_i}{nW_i}$，其中 $(AW)_i$ 表示矩阵 AW 的第 i 分量。接下来进行层次单排序与一次性检验。

（1）一次性指标 $CI = \frac{\lambda - n}{n - 1}$。如果 $CI = 0$，说明指标有完全一致性；当 CI 接近于 0，说明指标的一致性较为满意；如果 CI 越大，说明指标的一致性越差。

（2）一致性比率 $CR = \dfrac{CI}{RI}$。如果 $CR < 0.1$ 时，则该层次单排序获得的结果是满意的，如果不是，那么判断矩阵元素的取值就需要调整。

（3）随机一致性指标 RI 如表 3-5 所示。

表 3-5　RI 取值

阶数	1	2	3	4	5	6	7	8	9
RI	0.00	0.00	0.58	0.90	1.12	1.24	1.32	1.41	1.45

（4）层次总排序与一致性检验。通过层次分析法，进行层次总排序，并就社交网络中的具体行为对信任的影响一致性进行检验。

3.3　研究结果讨论

本研究最终形成的分类框架中，将集合形成的 21 个反映社交网络服务用户信任行为的内容分为内容创造行为、内容传播行为、信任构建行为和信任维持行为四类。需要解释的是，目前大部分社交网络服务网站或平台中嵌入了商务应用，社会化商务行为在今天的社交网络服务用户信任行为中的影响很大（Liang and Turban，2011），但在本研究中，通过多次迭代产生的社交网络服务用户信任行为指标库并没有将用户的商务行为指标项目纳入其中。因为当前社交网络服务的关键是满足用户的社交需求并不断更新发展，大部分社交网络平台的设计初衷并不是为了满足商务需要（Boyd，2008）。虽然不是设计初衷，但不可否认商务行为是现有社交网络平台中的一种常见社交行为的扩展现象，不过这并不会改变社交行为才是用户在社交网络服务中的基础行为这一定论（Wang and Zhang，2012）。近些年，虽然出现了部分社会化商务性质的网站将社交功能和商务功能集成设计开发，将两者同等重视，集合发展，但不管怎样，在社交网络中，商务行为必须通过进行基础社交行为过程来实现。在大部分社交网络服务中，用户推荐或接收信息是通过"分享其他链接到朋友圈""分享微信订阅号""分享好友的转载""分享好友关注的公众号"等平台提供的社交功能实现的。如果想要检验用户参与社会化商务的意向，可以通过检验用户在社交网络服务中的推荐过程、接收产品信息和购物体验等方式来进行（Liang et al, 2011）。关于这些，在本研究的第 7 章（基于用户信任购买意向的应用实例）将详细说明。本研究中的社交网络服务用户信任行为更多指的是用户在社交网络服务中的基础社交行为。因此，通过 Delphi 法分析得出的归属到四大类的 21 个指标项可以真实和较为全面地反映出用户在社交网络服务中的主要信任行为。

通过对社交网络服务中用户信任行为的具体特征所做的深入分析，本研究将内容创造行为、内容传播行为、信任构建行为和信任维持行为这四个类别对应不同的信任产生方式和信任维度。首先，根据消费者在这四个类别的信任行为中，信任产生的不同方式，可以把信任分为以过程为基础的信任和以制度为基础的信任。具体来说，第一种是基于双方过去交往的经历及交易体验，特别是双方均感到满意的经历而产生的信任，可以称为过程信任或者程序信任；第二种是消费者基于对方拥有知识的专业性、法律的权威性、行业的规范性、契约的公平性而产生的信任，此种信任与基于过程信任的不同在于不需要双方以以往的经验为基础。例如，某企业因为具有某种专业资格，很容易获得顾客的信任。有研究者认为，心理认同也会产生或者影响信任，特别是源于之前多次交易而产生的积极体验，诸如人们通过交往互动产生的体验或者对交往对象信誉的认同，即双方基于互惠关系而建立的信任，且还受到一些社会因素的影响和制约。例如，在社会环境中的行为处事都受到规章制度和法律法规的限制和约束。因此，无论参与者的背景如何，这些都一律适用。

另一方面，信任的维度也是学者们研究的重点。在这四类信任行为中，基于信任主体的不同，可以将信任划分为信任信念和信任意愿。其中，信任信念是信任主体展现出的值得信任的能力，即体验性可以增强其在社交网络中的信任信念。信任意愿的根本和源泉是信任的对象本身所具有的能够被信任的实力和特性。信任意愿取决于信任客体对信任主体的信任程度，其评价指标主要包括能力、正直、仁爱等。通常而言，能力表现为个人的才学、责任心、竞争力、较高水平的专业技能以及解决、处理突发事件的效率；正直则表现为主体具有诚实、诚信、公正、能被信赖的特质；仁爱则体现为怜悯、博爱、善心。

第4章 研究设计

本研究的研究目的是探究社交网络服务中消费者的信任度对购买意向的影响，研究设计如下。

4.1 研究框架与研究假设

4.1.1 研究框架

为了研究消费者的信任度及网络社交服务平台特性对消费者购买意向的影响，需要认真搭建本研究的理论框架。

1. 自变量的选择

在第 2 章的文献综述里，对之前的研究成果进行了回顾。通过对相关研究的分析发现，消费者的购买意向会受到信任的影响（Deng et al，2016；Hajli，2015；Hillman et al，2017）。而根据不同的信任建立基础，消费者的购买意向也会有所不同（Catherine et al，2002；Cheung et al，2016）。因此，需要将信任作为自变量来研究购买意向，以明确消费者基于不同的信任建立基础而对购买意向产生的影响。根据第 3 章中基于Delphi 法的社交网络服务中信任行为分类研究的讨论结果，以及信任产生的不同方式，可以把信任分为以过程为基础的信任和以制度为基础的信任；基于信任主体的不同，又将信任划分为信任信念和信任意愿。

2. 调节变量的选择

调节变量是具备独立性的，是零阶相关变量之外的第三个变量。1986年，Baron 和 Kenny 在研究中表明：调节变量直接影响自变量与因变量的关系方向、强度定类或连续性。Stern et al（1982）在研究中发现，生活中的重大事件与患病程度之间存在调节变量，即该事件是否具有可控的特性。如果事件处于无法控制的状态（如配偶去世），自变量与因变量之间的影响关系会趋于强化；当事件处于可控的状态下（如离异），二者之间的联系减弱。在此情况下，事件是否可控就是一个调节变量，是自变量（改变生活的突发事件）与因变量（患病的严重性）之间的调节变量。

　　社交网络服务平台是一切活动的有效载体，因此，其具备的特性足以对信任的产生及消费者购买的意愿和倾向产生不可忽视的影响（Kim and Wright，2016）。社交平台满足了人与人之间的交流与交往，并给人们提供了彼此之间相互联系的平台，结识具有相同兴趣和爱好的人，是当前信息社会最具影响力也最为流行的社交载体（Chee and Ko，2016）。李洁娜（2014）阐述了结合社会化媒体自由发布信息、用户创造和传播消息等突出特征，将社会化电子商务化身为一种新型电子商务，从而实现在线宣传和销售相关产品。也可以说，社会化电子商务就是一个网站，在这个网络媒体中，用户通过一些社交行为，如在网站上分享、交流互动等，增加消费者的购买欲望，使消费者最终产生购买或者消费行为（Chee and Ko，2016）。从科学技术的发展朝向及历程来看，互联网在改变人类生活的技术化、信息化、智能化方面发挥着基础性作用，它改变了人类的价值结构，促进了人类文明的发展，为人类道德向更高层次迈进提供了科技基础和物质条件。因此，无论是正向的引导，还是负向的影响，互联网都改变了人类的生活方式和生活习惯，同时也改变了传统的社交方式。社交网络服务平台之所以具有如此大的影响力，主要取决于其自身具有的三大特性（柯杨，2016）。

　　（1）社交网络平台的技术性会影响消费者的购物意愿。

　　从一般意义上来讲，社交网络平台技术具有三方面的特征：机密功能、有用功能和交互功能。通过文献综述发现，技术接受模型（TAM）常用于探究技术的实用性和有用性，而且这种模型通常较为简单，往往忽视社交因素的影响。基于这种原因，本研究利用技术接受模型，基于实用性和有用性分析商务社交平台的特征；同时，本研究也进行了一定创新，在隐秘性和及时交互性的特征下思考商务网络社交技术的特性（Wu et al，2017）。

　　社交网络平台的有用功能是满足人们在日常生活中进行社交商务的基础条件，且人们进行社交商务带有功利色彩，因此，实用性是社交网络平台的最为基础的因素。投资领域最能体现人们基于实用性进行社交商务，特别是在信息的搜索方面，各类成员的汇集体现出的多样化特征，使得彼此在平台中分享不同来源的信息更趋频繁。如果信息体现出实用性，那么网络社区将成为人们搜索信息的重要渠道。例如，投资者常用股票信息来判断和搜索各种投资信息，这种行为基于他们对信息实用性的肯定。因此，实用性是一个重要的变量，投资者更倾向于在网络社区中搜索并鉴别实用信息；个人也更趋向于在网络社区中寻找稀缺信息。从互惠互利的角度看，人们更倾向于从其他社区成员中获取有用信息，并用利益进行回报，同时回馈给社区一定的知识贡献。

关于机密功能，保证企业及用户的信息及资金安全是社交网络平台能够存在的第一要素，尤其在方便、灵活、实用且安全的线上支付保障方面。1960 年，在美国第 43 届营销协会年会上，哈佛大学的研究学者雷蒙德·鲍尔（Raymond Bauer）第一次把感知风险（Perceived Risk）这一新概念引入市场营销学中。Bauer（1964）认为，受到各种因素的影响，消费者无法对自身每次购买行为的预期结果做出准确的判断，即有可能出现让消费者不悦的情况，风险概念就来源于这种不确定性。而社交网络平台上的消费者实际上承担了多种潜在风险，如信息泄露、资金安全等。因此，网络社交商务需要建构动态的、灵活的商务模式，尊重信息的机密性，在项目中实现合作与知识整合（胡爱群 等，2011）。另外，商务网络社交还需要考虑各种社交机制，使人与人、消费者与服务者、消费者与生产者之间的商务社交行为更具简单实用的特性，即易用性。换句话说，社交商务平台需要授权用户创建、经营、管理自己的社交网络，评论、填写相关经验，以实现不同消费者及用户之间的信息交流与整合，加强相互间的协作。

关于交互功能，人们在社交商务的沟通过程中，一个必不可少的环节就是向他人表明自己的身份。所以，网络社交商务平台在技术上需要具备及时交互性的特点。值得一提的是，社交商务行为还有一个特点是努力获取最大范围内的好评，极力避免消费者的消极性、批评性评价。张冕和鲁耀斌（2014）采用实证方法研究了平台用户经验分享如何影响用户的消费意愿。在张宇（2008）的研究中，其研究主题是社交网络互动对消费者购买意向的影响，其中把信任作为研究的中介变量，并且从四个角度：互动场所、互动对象、互动方式和互动特性，建立了一个关于社交网络互动对消费者购买意愿影响的模型。所以说，交互性的特征及效果在社交商务中得到了很好的体现。另外，这种特性还体现在人们利用各种方法、通过各种方式来展示自我形象，而且这种形象状态是他们刻意保持且精心选择的，目的是改善交往双方之间的行为及体验，以期在社交网络平台中获取足够的利益；同时在行动上立足改善人与人之间互动的频率、互动的多样性，从而不断拉近用户之间的距离（Lin et al，2017；Chee et al，2013）。

（2）社交网络平台的价值性会影响消费者的购物意愿。

在本研究中不仅要思考社交商务给消费者带来的经济价值，还要努力探究这种行为带给消费者在身份认知、相互关系、数据信息等方面的价值。关于价值特征，有研究者认为，网络带来的价值体现在经济价值和社会价值上。如果侧重于营利性，那么这种效益更多地体现在实现收入的增加上；如果侧重于非营利性，那么其效益更多地体现在为社会公众创造价值上（Falk et al，2006）。而社交网络的价值是基于其使用价值，且最终得以体现的是商业价值。如果从用户的规模以及活跃度这一视角来看，占据主流的社交网络服务平台具有十分巨大的潜能，特别是在营销价值上。社交网络的兴起，悄然推动了营销方式的大变革，这种变革背后的社会价值往往被学者们忽略，而更多地体现在经济价值研究上。所以，本研究接下来将会重点讨论社会身份的认知价值、人际关系价值和社交信息价值。

关于社会身份的认知价值，它体现为一种社会价值，展示的是参与者在社会主体中的价值并体现了社区的重要性和稳固性。即使没有经济利益的介入，在已有研究的文献中，用户的社会身份受到其他社会成员的认同也是参与主体十分注重的方面（Algesheimer et al，2005）。事实上，一些研究者认为，社会身份的认知是群体及社区形成的基础，人们更青睐那些能够清楚表达自己形象的社区或者对于社区中某个具体事务具有情感依赖，这种情感依赖在社会学及心理学中被定义为社会身份认知，它更多地来源于个人的社会角色和自身身份共同作用的结果。还有，人们往往会通过与自身具有相同或相似之处的人或事所反映出的特征来强化对个体角色和身份的认知。因此，人们在网络社交平台上愿意投入大量时间、金钱、精力，努力塑造良好的个人形象，以影响别人对于自身形象的认同感，认为这就是本人在现实中的形象。另一方面，人们还会通过社会中其他同类型的人或事物来评价自己的行为及形象，通过与他人的对比，进而得到对自己社会身份的主观认识。比如，在网络社交平台上，人们更倾向于用个人主页来展示自己的良好形象，并会默默评价谁的形象最能契合自己，还倾向于主动寻找与自己志趣相投的用户，并与之建立良好的关系。一般来说，人们会努力做到表里如一、言行一致，以使自己的言谈举止自然得体。因此，人们更容易对那些有助于他们形成或取得社会身份认知的组织及平台产生信任并寻求支持。

关系价值是双方交易之后顾客对于交易过程的认同或交易体验的认可，并基于此建立的积极人际关系（Piligrimiene et al，2015）。当人们加入具体的组织中，随即会进入组织社会化的进程，并会产生许多需要解决的问题，例如组织成员的发展需求、培训指导、职级晋升等。通过组织社会化，成员会得到有用信息并从中获得有效资源以帮助自己实现个人目标。同样，在社交商务的过程中，个体用户基于虚拟世界中的联系，建立起自己与其他用户之间的关联，并形成网络社会关系，而他们自己更希望加入某一具体的网络社区或者是某个具体的网络社交商务群体。在这种社区或群体之中，成员之间能够相互介绍并发展为新朋友；另外，还能通过成员之间的交流获得所在社区的各种资源，分享各种生意经历及相关信息。基于这种期望，用户往往会自发地加入各种在线社区。这种在线网络社交集体，往往具有汇集效应，能够将分散的利己的个人变成有利于社区发展的积极成员，从而将现实中的大量用户及企业紧密联系在一起。在社交商务中，网络社区还具有建立动态的社会关系的能力及活力。随着时间的沉淀，社交网络将储备数量惊人的各类有形或无形的信息资源提供给成员们分享；这种价值体现在信息的搜索及共享的过程之中，也是网络社交的主要活动，成员之间通过彼此交流分享而获得各种益处。信息共享的行为，包含了各种意见和建议的交流、他人问题的解答，这种交流行为并不是片面的、个体的，而是建立在参与各方的互动沟通、互通有无上，是有利于每个参与社区成员的。还要说明的是，这种共享行为是基于用户自愿基础上完成的，并且这种自愿行为也是基于组织的权威以及主体的社会态度而实现的。因此，人们参与在线社区的主要目的是寻找有用的信息，而在现实领域人们获取信息的方式来源于提问及观察。如果个人具有丰富的资源、拥有某个领域的大量信息并且能够提供信息且费用比较低廉，就会有人愿意向其寻求信息。此外，身份和角色对信息收集效果都有影响，比较常见的是新成员向老用户寻求社交信息和技术指导（Lee，2014）。在网络社区里，成员之间互不相识，却由于在线网络环境，人们可以最广泛地收集信息，从而最大限度地发挥决策的科学性（Jin et al，2017）。

（3）社交网络平台的体验性会影响消费者的购物意愿。

所谓体验性，指参与网络社交活动能使身心愉悦、能够自由表达自己的感知、能够体会到归属感等一系列的积极感受。愉快的体验就好比人们参与某个游戏或运动，参加的原因就是觉得这些活动好玩有趣，能够从中获得积极的心情（Choi，2016）。本研究也认为，人们参与网络社交活动的初衷也在于此。相关研究表明，开展活动时如果参与者会有愉悦的感受，就能收获积极的体验；感知愉悦往往是人们参与网络社交活动的内在动机，即参与相关活动的人可以获得有益的体验（Mark，2016）。值得一提的是，这种体验越有新鲜感和创新度，就越能降低这些受众群体的烦闷情绪，进而增加他们的感知乐趣。Hajli（2014）认为，社交媒体服务中的社交商务感知对顾客与电子供应商网站之间的关系质量有着积极的影响。网络社交成员间的交往，成了人们体验愉悦感的源泉。虚拟的网络社区能够帮助成员认识新朋友，建立友情，而友情又是幸福感、愉悦感的重要来源。关于感知多样性，其源于成员之间的差异而产生的多样性。成员之间由于背景、兴趣各不相同，即使他们参与网络社交的主观态度及所遵循的行为规范是一致的，其行为也是各不相同的，这些区别会通过成员之间的感情、认知方式及态度而间接地作用于参与者利益的获得上。社交网络用户在交往方式及内容方面会发现彼此之间的不同，所以感知的多样性表现为同一社区参与者之间因外表、喜好、特点不同而产生的差异性感知。社会学领域中许多关于组织及其多样性的研究，都为此观点提供了论证和补充。目前，已有研究对组织的多样性特点进行了梳理。即多样性的组织体现在信息及决策过程中，具备多样性特点的组织往往具有更强的问题解决能力、更为丰富的知识储备，并且其成员能够集思广益、提供更多意见。与同类组织相比，多样性的组织能够提供更多的问题解决策略，而且具有预见性。这些优势有助于为参与者提供及时有效信息，从而有助于他们克服困难、解决问题。在对表达自由的界定上，本研究倾向于解释为参与者能够随性地讨论他们喜欢的话题，并且不受社区管理员的约束。然而，现实的社区管理者基于政策及法律的要求，会对社区成员的言论进行审查及必要干预，从而影响社区成员的表达自由。基于此，社区管理者对于言论自由的界限十分重要。而有些管理者则不接受批评和消极评论。归属感是个人认可网络商务社区的一项重要态度，当网络社区为个人积极提供社会支持时，社区成员会产生归属感，而个人归属感的产生，会使成员倾向于奉献，并以社区利益为重。所以说归属感也是社交商务的重要特征。

基于上述分析，本研究把社交网络平台的技术性、价值性、体验性作为调节变量。

3. 因变量的选择

在消费心理学的研究领域中，购买意向是其中的一个重要研究领域，主要研究内容是人们在购物过程中的主观心理变化，即人们是否购物的主观决定因素。在对消费者购买行为的研究中，它更多地体现为消费行为的决断过程，决定着消费者的购买行为。Engel et al（1977）在研究中提出，购买意向是一种发生在消费者内心深处的决策过程，表现为消费者根据自身生活及其他需要，不断地在网络社交商务平台中搜索、搜集有价值的产品信息，当发现心仪的产品物美价廉或正中其怀时，就会决定是否选择购买。Fishbein 和 Ajzen（1975）则认为，消费行为源于消费者内心产生了购买的兴趣和欲望，可以根据消费者在购买过程中的心理活动来研究解释消费行为的产生。Dodds et al（1991）认为，消费者的购买意向源于其生活需要等外部因素，并会形成他们对于某种商品或服务的认知和态度，从而影响消费者搜索、了解某种商品或服务的意愿。消费者购买行动的发生，取决于自身的购买意向。如果要预测消费者的行为，就必须先搞清消费者的购买意愿。Andreu et al（2006）则从消费者是否愿意再次购买某种商品或者服务以及是否愿意推荐该商品及服务这两个问题来研究购买意向及倾向；同时他们将推荐意向和转换意向作为消费者是否会在今后依然愿意接受公司提供的产品或服务的主要衡量指标。

当前，消费者的购买意向不仅是学术研究的重点，也是许多销售人员思考的问题。作为网络上产品的提供商，他们更需要基于消费者的购买意向来设计产品的主页、产品的简介、产品的推广形式；而经济学研究者更倾向于通过购买意向的研究来预测未来经济的发展趋势。所以通过以上的分析及结论，本研究的调节变量为网络平台所具有的特性。研究框架如图 4-1 所示。

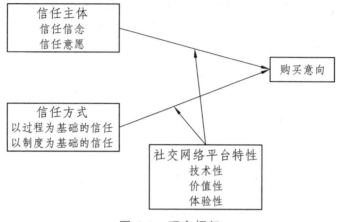

图 4-1   研究框架

4.1.2   研究假设

立足于上文的分析及设定的研究框架，本研究将进一步对相关文献进行梳理，同时提出本研究需要验证的假设，并在研究中逐一进行验证，再将其拓展为具备操作性的、可验证性的假设。

通过对已有研究的梳理发现，Koufaris（2004）和 Pavlou（2003）均在研究中指出，信任在提高消费者购买意向时效果显著。因此，建立不同维度的信任，消费者的购买意向也会有所不同（Catherine et al，2002；Cheung et al，2016）。Bhattacherjee（2002）在三个维度思考信任的划分，即基于能力、关系、道德三个方面进行论述。Mcknight 和 Chervany（2002）在对比研究许多关于信任定义的基础上，从主观与客观的维度出发，将信任分为信任信念和信任意愿。本研究在研究中假设企业无论是增强以过程为基础的信任、以制度为基础的信任，还是增强信任信念和信任意愿，均能增强消费者的购买意向；但是不同的信任类型所带来的消费者购买意向有所不同。因此，信任和消费者的购买意向之间具有相关性。由此，本研究提出如下假设：

H_1：以过程为基础的信任能增强消费者的购买意向。

H_2：以制度为基础的信任能增强消费者的购买意向。

H_3：信任信念能增强消费者的购买意向。

H_4：信任意愿能增强消费者的购买意向。

　　网络社交成员之间的交往，是人们体验愉悦感的源泉，而虚拟的网络社区能够帮助成员认识新朋友、获得友谊，所以说，人与人之间的友情正是人们幸福感和愉悦心理产生及获得的重要来源。Choi（2016）认为，人们参与网络社交活动的初衷也是如此。Deng et al（2016）认为，信任是人际关系中理性计算和情感关联的产物，而社交网络平台增加了成员间的情感，从而增强了购买意向。所以，社交商务平台满足了人们交友及相互沟通联系的需求，而且成员间可以从他们的公共关系中得到积极的乐趣。虚拟的社区与现实社区不同，大家可以在虚拟社区里重塑形象。即人们更注重于花大量的时间、金钱、精力用于塑造个人的正面形象，以影响他人对于自身印象的判断，认为这就是本人在现实中的形象，从而在网络中树立一个善良、有能力、正直的美好形象。信任信念即表示信任主体所展现出来的值得信任的能力，也就是说，体验性可以增加其在社交网络中的信任信念。因此可以得到以下假设：

　　H_{5a}：社交网络平台的体验性对信任信念和消费者购物意愿之间的关系起正向调节作用。

　　网络社交平台会对消费者的购买倾向产生较大的影响。关于体验性，本研究倾向于解释为参与网络社交的用户能够多样性地表达自己的感知、自由地抒发自己的体会、有归属感等积极体验。所以本研究认为，人们参与网络社交及商务活动的初衷就是因为丰富有趣的内容给予了他们愉快的体验，使他们获得积极的心情，并从中得到满足。Chung et al（2015）研究了社交网络服务中社交因素对感知有用性构建的影响。Hajli（2014）认为，社交媒体服务中的社交商务感知对顾客与电子供应商网站之间的关系质量有着积极的影响。Gefen et al（2003）基于 TAM 理论提出网络购物行为的机制模型，同时指出，感知易用性会正向促进信任的产生。关于感知的多样性，其源于成员之间的差异而产生的多样性。网络购物相比现实购物，一是没有空间的限制，消费者可在平台浏览全国、全世界的商品；二是没有时间的限制，消费者可根据需要，随时下单购买，且双方并不可见，交易的行为也不需要同时进行。通过比较不难发现，网络交易行为的双方所建立的信任度远没有现实中双方面对面的在交易中建立的信任度高。因此，本研究提出以下假设：

　　H_{5b}：社交网络平台的体验性对信任意愿和消费者购物意愿之间的关系起着负向调节的作用。

　　研究表明，社交平台的技术性包括机密性、易用性、有用性和交互性四个子因子（Wu et al，2017）。胡爱群（2011）等学者认为，网络社交商务需要建构动态的、灵活的商务模式，尊重信息的机密性，这样才能在项目中实现合作与知识整合。关于机密性，安全是社交平台存在的前提因素，因此，必须保证消费者及企业的信息安全。关于交互性，人们在社交商务的沟通过程中，必不可少的环节是向他人展示自己的身份，所以网络社交商务平台在技术上必须具备及时交互的特点（Piyathasanan et al，2015）。李国鑫等（2011）认为，感知到网购的有用性会对消费者网上购物行为产生影响。另外，社交商务行为更为重要的一个特点是极力获取最大范围内的好评，极力避免消费者的消极、批评性评价。因此，交互性的特征及效果会在社交商务中得到淋漓尽致的体现。所以，网络社交商务的技术感知特征应具有交互性。交互性越强，消费者咨询所需要的产品时，其回复响应的时间越快，消费者越愿意在该网络平台上购买商品。因此，本研究可以得到以下假设。

　　H_{6a}：社交网络平台的技术性对以过程为基础的信任和消费者购物意愿之间的关系起着正向调节的作用。

　　H_{6b}：社交网络平台的技术性对以制度为基础的自主创新和消费者购物意愿之间的关系起着正向调节的作用。

　　社交商务能给社交网络平台带来经济价值（Chee and Ko，2016）。如果是营利性的，那么其效益主要体现在收入上；如果社交网络平台推广产品主要考虑经济价值，对企业和产品有所倾向，那么满足社交网络平台利润最大化的产品可能不一定是消费者真正愿意购买的产品，因为这不是通过社交网络平台上的企业或个人口碑而产生的。比如一个产品的质量并不是很好，但是产品的生产商愿意花销大量的人、财、力来做营销推广，在这个过程中可能会让消费者的信任感下降。因此，可以得到以下假设：

　　H_{7a}：社交网络平台的价值性对以过程为基础的信任和消费者购物意愿之间的关系起着负向调节的作用。

　　H_{7b}：社交网络平台的价值性对以制度为基础的自主创新和消费者购物意愿之间的关系起着负向调节的作用。

　　综上所述，本研究一共提出 10 个研究假设，具体如下：

　　H_1：以过程为基础的信任能增强消费者的购买意向；

H_2：以制度为基础的信任能增强消费者的购买意向；

H_3：信任信念能增强消费者的购买意向；

H_4：信任意愿能增强消费者的购买意向；

H_{5a}：社交网络平台的体验性对信任信念和消费者购物意愿之间的关系起着正向调节的作用；

H_{5b}：社交网络平台的体验性对信任意愿和消费者购物意愿之间的关系起着负向调节的作用；

H_{6a}：社交网络平台的技术性对以过程为基础的信任和消费者购物意愿之间的关系起着正向调节的作用；

H_{6b}：社交网络平台的技术性对以制度为基础的自主创新和消费者购物意愿之间的关系起着正向调节的作用；

H_{7a}：社交网络平台的价值性对以过程为基础的信任和消费者购物意愿之间的关系起着负向调节的作用；

H_{7b}：社交网络平台的价值性对以制度为基础的自主创新和消费者购物意愿之间的关系起着负向调节的作用。

4.2　变量设计

本研究计划以国内主要社交平台为研究样本，探讨其主要行为特征。研究采用问卷调查的方式，合理设计问卷，重点从社交平台特征、信任和消费者购买意向三个维度进行问卷设计，并在信度、效度检验的基础上，解决这三者的测度问题，同时对上文列出的各种假设进行验证和检验。技术性、价值性及体验性等特征是本研究对网络社交平台进行测度的因素。在对消费者购物意愿的测度中，信任测量主要从信任主体（如信任信念和信任意愿）及产生方式（以过程为基础的信任和以制度为基础的信任）两个方面进行。因变量为消费者购物意愿，控制变量为平台类型、平台活跃度、平台注册人数。研究中收集了国内外文献中较为有效的量表工具，结合实际情况优化设计，以使量表在内容设计上体现较强的内容效度。

4.2.1　社交网络平台特征的变量设计

柯杨（2016）在其研究中提到，社交网络平台的特征可分为技术特征、价值特征、体验特征，因此，本研究拟借鉴此种划分方式来分析社交商务的内部机理。在以往的研究中，关于社交媒体的主要特征的研究已经普遍认同，即包含技术特征、个体特征、社会特征等三个方面的三维理论模型，其中梳理了声誉感、归属感、有用性等三个特性，用以分析在线社区具有的社会因素、个体因素以及留言板，同时也解释了人们参与网络社交并乐在其中的原因。也有研究者认为，社交媒体不仅有 Web 2.0 在技术领域的特征，还有 UGC 领域的意识形态特征。其中，Web 2.0 的技术优势在于以低成本和丰富的格式完成全球接触，并且基于各种平台实现文本、音频和视频等内容的实时交流。这种技术的优势，能够极大地增强社交媒体的体验性，使得消费者不再是被动地获得信息，而是在参与的过程中共享、生成各种信息；而且部分消费者更愿意共享信息，这是一种消费创新行为，这些消费者不仅是信息的源头，更是新服务、新产品的发布者、推广者。基于 UGC 技术，用户能够基于网络社区或者有效组织实现知识的提取与交换、文化的交流与传播（Andre et al，2013）。关于电子商务，研究者更为关注其是否具备协作性。也就是说，电子商务需要基于 web 2.0 的技术平台，在协作水平提升、网络社交的支撑机制、成员之间的交流联系等方面，不断加强协作工具的整合、各类社交平台的支持力度。不过，研究者们对于即时通信、市场营销、信息技术、多媒体等方面的研究较为零散，在整体性、科学性等方面较为不足，只是提出了有用性、乐趣、流动经验、主观规范、存在性等特征（Richards et al，2014；Yoon and Rolland，2015）。在互联网领域，研究者还对品牌社区的特性进行了探究，认为其本质特征表现在信息的共享以及资源的互补方面。

　　综上，关于社交商务的特征，研究者们仁者见仁、智者见智，基于不同的角度提出了不同的观点，并且研究比较分散。同时，现有理论在对网络平台的分析研讨中，忽视了用户体验及感知的研究，大多从计算机、平台提供者、企业的角度来思考，因此对于此问题的研究有待进一步深化和全面。本研究认为，即使两种社交网络平台各自具有不同的使用方式和使用情景，抑或在营销自己及其他产品方面的风格也不尽相同，但是两者基于社交领域的特性是相同的，也就是社交商务所具有的特征。当然，也有学者对此共性提出疑问，并提出应在整体性的基础上思考社交商务的特征。基于这种认识，本研究的基本判断是社交商务存在一些具有代表性的、共性的特征，需要且可以进行深入的研究。

　　基于上述分析，本研究在已有研究基础上提出了适宜的操作变量，如表 4-1 所示，从而立足技术性、价值性和体验性三个方面来探讨社交网络平台的特性。

表 4-1 社交网络平台特性变量定义表

研究对象	维度	操作变量	来　源
社交网络平台特性	体验性	愉悦感	主要以 Benkler（2006）、柯杨（2016）、Wang et al（2013）、Andre et al（2013）、Richards et al（2014）、Piyathasanan et al（2015）；Chung et al（2016）；Vendemid（2017）；Tiago et al（2017）；毕达天 等（2014）等学者的研究变量作为本研究变量的来源
		多样性	
		表达自由	
		归属感	
	技术性	易用	
		机密安全	
		有用	
		交互性	
	价值性	信息价值	
		关系价值	
		身份价值	
		经济价值	

4.2.2 信任的变量设计

在已有研究的基础上，本研究在信任变量的设计方面，拟从信任的主体特征、产生方式（以过程为基础和以制度为基础两类）来进行测量。根据信任主体，信任又可分为信任信念和信任意愿。

关于信任维度的研究一直是学者们研究的热点。Zucker（1986）通过对信任产生方式的研究，提出了信任的三个维度：一是基于主体特质的信任（如教育背景、家庭情况、性别等因素）；二是基于交往过程的信任（信任的形成由以往的经验或持续的交易积累产生）；三是基于制度权威性的信任（信任的实现由正式社会结构导致）。Jones 和 George（1998）研究认为，信任由道德、认知和情感三部分组成，彼此相互作用相互影响形成最后的信任行为。Gronrs（2001）进一步根据信任形成的影响因素，将信任划分为四种类型：一是以双方过去交往、交易为基础而建立的程序性信任；二是基于消费者及企业在交易过程中建立的心理认同而产生的信任；三是基于信任的对象所具有的权威性、法律效力、专业水平而产生的信任；四是基于社会良好的信任环境，顾客对企业信誉的认同而产生的信任，也被称为概括性信任。综合各种理论概述发现，当前研究对于信任的划分倾向于从认知及行为两个视角进行。从认知的角度来说，信任源于实践的体验，是人与人在交往过程中形成的态度，根据是个人对信任对象的前期印象（Yoon and Rolland，2015）；从行为的角度来说，信任源于信任对象自身的行为留给别人的印象，信任的主体和客体之间之前并没有接触，信任的客体通过企业给予消费者足够的利益甚至损害自身利益而建立的信任。

对信任的划分有多种形式，当前并没有准确、公认的定义能够概括信任所有的特性，但是在网络购物的背景下，有相关论述表现出具有共识性的研究维度。JarvenPaa 和 Tractinsky（1999）提出，用户对购物网站的三个信任维度分别为正直、信任感、仁爱。Smith（2002）通过研究虚拟社区口碑，把信任分为情感成分、道德层面、认知成分三个维度。Bhattacherjee（2002）也在三个维度上思考信任的划分，即基于正直、仁爱心和能力三个方面进行论述。Mcknight 和 Chevrnay（2001）在对比研究许多关于信任定义的基础上，认为信任是一个多维度概念，是个体对目标产品在善意、正直、能力、可预测行为等方面表现出的信心，包括信任信念（包括善意、能力、正直、可预测性）和信任意愿（依赖意愿及主观概率）两个相关联维度。

综上，本研究从信任的产生及信任主体两个方面进行探讨，其中，信任产生方式可分为以过程为基础的信任和以制度为基础的信任两类，信任主体又可分为信任信念和信任意愿。下面在前人研究的基础上提出操作变量，如表 4-2 所示。

表 4-2　信任变量定义表

研究对象	维度	操作变量	来源
信任	信任产生方式	以过程为基础的信任	主要以 Gronrs（2001）、Zucker（1986）、Hsiao（2010）等学者提出的研究变量作为本研究变量的来源
		以制度为基础的信任	
	信任主体	信任意愿	主要以 Abdyldaev Atai（2016）提出的研究变量作为本研究变量的来源
		信任信念	

4.2.3　消费者购买意向的变量设计

随着电商企业的发展壮大，网络购物用户的数量也愈发庞大。在此背景下，研究者基于消费者行为理论，对购买意向的研究也越来越关注。关于行为意向的研究，起步较早，菲什拜因（Fishbein）和阿耶兹（Ajzen）等在 20 世纪 70 年代就对此开展了广泛的研究，他们提出了理性行为理论（Theory of Reasoned Action，TRA），认为意图影响行为，同时行为的态度和主观标准又决定了个人意图。计划行为理论（Theory of Planned Behavior，TPB）是对 TRA 的延伸与发展，其主要观点认为，消费者是否决定购买，取决于他是否形成了明确的行为意向；该理论主要解释人的主观态度和个体情绪控制能力均会影响其行为意向。而 Folks（1988）对行为意向进行了定义，他认为，主观态度决定行为意向，当个体在主观上希望采取行动时，就会形成对应的行为。也就是说，消费主体的主观想法会影响客观的存在，并形成新的行动意向，进而促进相应行为的产生。基于此，行为意向能够准确判断行为发生的可能。

人的主观态度可简单划分为积极态度与消极态度。因此，消费者面对企业时的态度也可分为积极态度和消极态度两种类型，其中，积极的态度包括对企业信誉和名誉的肯定、对质量的信任、对产品的喜爱、对服务的满意等在与企业交往中产生的有利于企业发展的态度；而消极态度则表现为对企业信誉的否定、对企业服务或者产品的消极评价、不愿再次购买该企业的商品或者服务。关于消费者购买意向的测量方式，依据以上研究，可通过消费者的购物决策过程，采用社交网络平台中的浏览深度、点击深度、收藏深度、订单深度来进行。

综上，依据前人研究在该领域对相关变量设计的基础上，本研究对消费者购买意向进行了变量设计，如表 4-3 所示。

表 4-3　消费者购买意向变量定义表

研究对象	操作变量	来　源
消费者购买意向	浏览深度	主要以 Folks（1988）、柯杨（2016）等学者的研究变量作为本研究变量的来源
	点击深度	
	收藏深度	
	加购深度	
	订单深度	

4.2.4 控制变量设计

基于研究的科学性及调查论证的操作性等因素的考虑，本研究将社交网络平台类型、平台会员数和消费者在社交网络的活跃度作为控制变量。

4.3 测量工具与数据收集

4.3.1 测量工具

由于测量社交网络平台特性、信任的内容与主体所需的数据无法从公开资料中获取，因此，关于这一部分变量，本研究使用问卷调查法。在问卷设计上采用李克特五点量表。对问卷问题，依照"1=非常不同意，2=有些不同意，3=无意见，4=有些同意，5=非常同意"进行选择并打分，数值越大，表示越同意该项。问卷内容为：社交网络平台特性有 12 个问题；信任有 15 个问题。用于正式调研的问卷有 27 个问题，内容见表 4-4。消费者购买意向通过平台的后台数据获得。

表 4-4 调研问卷问题设置

变　量	题　项
社交网络服务平台的基本情况	受访人员是否经常使用社交网络服务平台
	社交网络服务平台的活跃度
	社交网络服务平台的类型
	社交网络服务平台的注册粉丝数
平台的体验性程度	愉悦感
	多样性
	表达自由
	归属感
平台的技术性程度	易用
	机密安全
	有用
	交互好
平台的价值性程度	信息价值
	关系价值
	身份价值
	经济价值

续表

变　量	题　项
消费者购买意向	浏览深度
	点击深度
	收藏深度
	加购深度
	订单深度
消费者信任情况	是否放心社交网络服务平台上的产品
信任信念	展示出很强的才能、能耐、胜任、称职、竞争能力、熟练的技能和专业能力
	展示出诚实、廉正、可信的形象
	展示出仁慈、善心、善意的形象
信任意愿	愿意相信企业或个人是诚实可信的
	愿意相信企业或个人是正规的，有专业的能力和保障
	愿意相信企业或个人是善意的，对我们是友好的
以过程为基础的信任	购买以前进行过交易活动的商品
	倾向购买朋友推荐的产品
	根据交流过程选择是否购买产品
	根据互动情况选择是否购买产品
以制度为基础的信任	选择具有专业资格的产品
	选择有行业规范和专业知识的产品
	选择受到第三方保证的产品
	选择受到法律约束的产品

4.3.2　数据收集

1. 问卷设计

问卷的基本要素包括卷首语及主要问题两部分。

（1）卷首语包括以下几项：

① 简单的问卷实施者介绍，包括问卷实施者的身份、问卷指向的主要问题以及对问卷用途的说明。要求调查对象根据自身实际情况进行填写，并且要明确提出对个人信息保密。

② 明确的调查目的说明。调查目的说明是取信调查对象必不可少的环节，主要是向调查对象指明你调查的内容、需要，阐明基于学术研究的目的，需要针对调查对象的哪些行为进行调查，同时告知研究的意义。

③ 问卷的反馈及整理。问卷发放之后是需要回收的，因此必须交代问卷的回收方法以及答题的方式，甚至设置答题的范例，以便答题人更好地理解问题，从而降低答题的错误率及无效问卷的产生。

④ 被调查对象的基本信息，即基于问卷设计必须了解的被调查人的一些基本信息，诸如被调查对象的性别、年龄、教育水平等信息。

（2）问卷的主要问题：在问题设计上，可以分为开放式问题和封闭式问题两种类型。

① 封闭式问题，即答案已经被研究者提前做好，这些答案可以不止一个，且答案之间不一定是排斥关系，可以进行多项选择，但是被调查对象只能在已有选项中选择最符合自身实际情况和想法的选项。具体包括以下两种类型：一是排斥性问题，即非此即彼的问题，比如同意与否、男女性别等；二是程度性问题或者等级性问题。

② 开放式问题，即研究者只设计问题，并不提供答案以供选择，这种问题能够清楚地反映及测量答题人的真实想法。

为了设计出合理的调查问卷，笔者于 2017 年 1 月对消费者在社交网络上的信任程度与购买意向展开了深入研究，查阅了众多文献资料，并与部分社交网络服务网站的从业者进行了细致访谈。设计出试调查问卷后，对问卷进行了预测试，预测试的调查对象为 20 名微信平台的业内人士和成都理工大学管理科学学院的 5 位教授。通过检查问卷中问题的含义是否明确、措辞是否精准、概念是否可量化等指标，调整并确定最终的问卷内容。基于以上问卷的设计结构及原则，调查了网络首页的设计因素在消费者购买决策、购买心理中所起的作用。具体问卷详见附录 1。

2. 调研程序和样本量

（1）明确研究对象。通过随机调查、网络问卷、文献分析的方法，找到人们现在最常用的社交网络平台。

（2）预调查。通过专家访谈，选取常见社交网络服务平台的业内专家进行访谈，通过预调查检验问卷的普遍性问题；选取成都理工大学管理科学学院的相关教授进行访谈，征求他们的意见和建议，调整问卷设计。最后结合两方面的反馈，对问卷进行优化，确立了探索性研究调查使用的问卷。

（3）探索性研究。调查通过两种方式进行：一方面，笔者将网上问卷的链接地址放到自己及朋友的朋友圈里，并通过转发的形式增加样本量；另一方面，在学校及周边进行了现场人工发放与现场填写，通过系统抽样对被访者进行调查。调查结束后及时回收有效问卷，并验证指标的有效性和可靠性，并检验进一步使用的可行性，最终确定模型中各变量彼此间的关系。本研究在对象选取上以社交网络平台中活跃的年轻人为主，同时通过其他参与人群的调查研究，使得结论具有普适性，即适用于所有网络平台的使用者。

（4）正式研究。正式研究是普遍适用性研究，笔者选择扩大问卷数量和受访人群的方法，对它们分别进行调查，并按照原则对受访者进行了甄别。采取系统抽样的方式访问受访者，通过数据分析确定研究结论的普遍意义。

（5）关于样本量。利用因子分析、结构方程分析对样本总量进行分析时，得到了以下几点认识：Nunnally et al（1978）的研究被大家经常引用的原因是，被试人数是变量的 10 倍。Boomsma（1982）在研究中表明，样本量（N）越大，模型成立的百分率、参数的精确性、统计量的分布越好，并建议样本量不能少于 100 个，以 200 个以上为佳。根据牛永革（2007）的研究，本问卷共有 24 个题目，样本量至少为 240 个。本研究的问卷共有 36 个问题。为了获得更好的分析效果，考虑到有一定的废卷率，本研究把第一次探索性的样本量设计为 220 个，第二次的正式研究样本量设计为 800 个。

3. 样本选择

在问卷预调研的基础上对问卷进行修改完善，然后确定本研究的样本容量，即如何通过有效的抽样方式，获取能够代表、反映真实情况的样本，以期获得有效的调查数据。在样本抽取方式中，最简单和最方便的抽样方式就是简单随机抽样，但是要对所有样本进行编排，所以简单随机抽样并不适合样本容量较大的抽样。本研究的样本范围是全国性的，简单随机的方法并不适合，因此，需要选择随机抽样法。由于样本容量在实践中被影响的可能性较大，能够对其产生影响的因素也较多，因此，在实际抽选过程中需要综合考量。影响样本容量的因素主要有以下几个方面：样本的总体规模、样本之间的异质性、样本精度的需求、抽样的方法、抽样的控制及问卷的回收、研究者的能力、财力、人力等。对于调查结果的把握，往往用置信水平或置信度来衡量。如果要求置信度大于 5%，则误差率不能超过 5%。在条件一致的情况下，置信度越高，调查结果越需要较大的样本容量。换句话说，误差水平要求越低，需要的样本容量就越大。

4. 样本调查

在对问卷信度及效度进行分析、检验的基础上，根据调查对象的反馈情况以及预测相关情况的分析，针对问卷中的问题设置及选项的合理性进行了微调，形成了最终测试问卷，并以此来提高所采集数据在实证分析中的科学性、有效性和可信性。问卷的发放采用网络转发、现场人工发放、现场填写等方式进行。

本次问卷测量选取的对象主要为在社交网络上消费的年轻人，且均具有网购经验，主要调查其在食品、服装、日常用具、学习书籍等方面的消费倾向。实验共分两次进行，第一次于 2017 年 5 月进行，共发放问卷 220 份，作为探索性研究。一方面，笔者将网上问卷的链接地址放到自己及朋友的朋友圈里，并通过转发的形式增加样本量；另一方面，研究者在学校及周边进行了现场人工发放与现场填写；7 天以后回收有效问卷 193 份，回收率 87.72%，符合一般问卷回收率的要求。

第二次问卷调查实践扩大了问卷数量和受访人群，于 2018 年 7 月进行，共发放问卷 800 份，作为普适性的正式研究。一方面，调研问卷通过微信朋友圈论坛、群组等进行了推广，而且受访者自愿参与调查。通过发放红包、微信红包抽奖等方式，吸引更多的受访者参与，并转发分享给其他好友，使得调查人数充分、受众范围扩大。为避免重复统计，笔者将 IP 地址逐一比对，进行数据初步筛查。另一方面，将调研问卷放在地铁口、购物街、公司厂区里，以便进行现场人工发放与现场填写。经过 35 天的实地调查，最终完成问卷人数为 789 人。对之前预调查时的 20 人的完成情况进行反馈总结时发现，一份问卷要认真完成最少需要 5 分钟的填写时间，因此对完成时间不足 5 分钟的问卷视为无效，并从总问卷中剔除。最终，得到项目有效问卷 698 份，回收率达到 87.25%，符合一般问卷的调查要求。

通过两组问卷可以保证实验结果的一般适用性，并对两组实验结果的偏差进行了深入分析。同时，采用信度分析了问卷测量的可信度，即测量的一致性、可靠性，也就是同一测试样本在多次参与该测试时产生的测试结果是否具有一致性。这种一致性的测量方法包括两种：折半信度，Cronbach's α 系数。本研究采用 Cronbach's α 系数来验证一致性。这种方法在大多数情况下用于同质性试验，即通过系数来衡量因子之间是否具有相同或者相似的特征，系数越高，信度越高。根据 Guielford（1995）曾提出的理论观点，若信度系数处于 0.7~1.0，信度较好；信度系数在 0.35~0.7，表示信度一般；当信度系数小于 0.35 时，表示信度极低。

5. 样本的基本信息

（1）探索性研究样本概况。本次抽样主要根据我国网民的性别、学历、年龄、收入等因素进行。探索性研究问卷实验共发放了 220 份问卷，其中有效问卷为 193 份。根据基本情况进行简单的统计分析，具体情况见表 4-5。

表 4-5　探索性研究问卷描述性统计表（N=193）

人口特征	分布	频率	比例
性别	男	104	46.11
	女	89	53.89
教育程度	高中及以下	5	2.59
	专科	11	5.70
	本科	108	55.96
	硕士	41	21.24
	博士及以上	28	14.51
年龄	18 岁以下	4	2.07
	18~25 岁	122	63.21
	26~35 岁	35	18.13
	36~55 岁	21	10.88
	55 岁以上	11	5.70

人口特征	分布	频率	比例
收入	1 000 元以下	132	68.40
	1 001~3 000 元	25	12.95
	3 001~5 000 元	22	11.40
	5 001~8 000 元	6	3.11
	8 000 元以上	8	4.15

　　从问卷描述性统计表可以看出，本研究的抽样方法及获取的样本均较为合理且有效。在抽样性别的比例上，男性网民多于女性网民，与我国网民性别男性多于女性的现实也是一致的。在学历水平上，基于熟练应用网络的现实需要，专科及以上学历的网民占比达 91.71%，符合网络应用需要的高学历的现实基础。从年龄来看，以 18 岁至 30 岁的人群为主，以符合使用社交网络服务的人群趋于年轻化的现实。在收入方面，以 1000 元以下的低收入群体为主，符合其中大部分仍然处于学生阶段的现实。综上所述，本研究的样本分布广、代表性强，能够有效减少抽样单一带来的误差，对于论证本研究的观点具有积极意义。

　　（2）普适性的正式研究样本概况。正式研究调查共发放了 800 份调查问卷，其中有效问卷为 698 份。根据基本情况进行简单的统计分析，具体情况见表 4-6。

表 4-6　正式研究问卷描述性统计表（N=698）

人口特征	分布	频率	比例
性别	男	312	51.75
	女	386	48.25
教育程度	高中及以下	108	15.47%
	专科	140	20.06%
	本科	338	48.42%
	硕士	80	11.46%
	博士及以上	32	4.58%
年龄	18 岁以下	99	14.18%
	18~25 岁	332	47.56%

续表

人口特征	分布	频率	比例
年龄	26~35 岁	11	16.48%
	36~55 岁	91	13.04%
	55 岁以上	61	8.74%
收入	1 000 元以下	122	17.48%
	1 001~3 000 元	148	21.20%
	3 001~5 000 元	312	44.70%
	5 001~8 000 元	81	11.60%
	8 000 元以上	35	5.01%

从问卷描述性统计表可以看出，本研究的抽样方法及获取的样本均较为合理并有效，但与第一次探索性调研实验的样本情况是有区别的。在抽样性别的比例上，与第一次探索性调研实验的样本相似，男性网民多于女性网民，与我国网民性别男性多于女性的现实一致。在学历水平上，正式调研问卷实验的人群扩大后，被调查人员来自社会的各行各业，学历占比与探索性研究问卷调查有所差别，但这也符合社会人群的学历分布。从年龄来看，仍然以 18 岁到 35 岁的人群为主，符合使用社交网络服务的人群趋于年轻化的现实。在收入方面，与探索性研究问卷的调查人群主要以 1 000 元以下的大学生群体为主有所不同，正式研究问卷实验时将人群扩大为社会人群，收入以 1 000-5 000 为主。综上所述，通过正式研究问卷实验后，本研究的样本分布更广、代表性更强，能够有效减少抽样单一带来的误差，对于论证本研究的观点具有积极意义。

4.3.3 主要方法

为了使研究结论更准确可靠，需要使用科学合理的研究方法。本研究选用的方法主要采取描述性统计分析法、Cronbach's α 系数法、因子分析法、方差膨胀因子法、DW 法、残差项散点图法、多元线性回归分析法，等等。

1. 描述性统计分析法

描述性统计分析法是指通过对样本数据统计分析进行处理，计算出样本数据的极值、平均值、方差等参数，可以初步性的了解数据的整体分布情况等信息。

2. Cronbach's α 系数法

Cronbach's α 系数法是一种测量样本数据是否真实可信的计算方法。通过计算真实分数的方差与观察分数方差的比值 α，再根据 Cronbach's α 的取值范围，来判断测量样本数据的可信度。

Cronbach's α 系数计算公式为：

$$\text{Cronbach's } \alpha = \frac{n}{n-1}\left(1 - \frac{\sum S_i^2}{S_t^2}\right)S_i^2 \tag{4-1}$$

其中 n 为测验题数目，S_i^2 为每题被试得分的方差，S_t^2 为被试所得总分的方差。将所得到的值与权威性参考值进行对比，根据其所在的具体信度区间判断其是否能够通过信度检验。

本研究以调查问卷的数据计算出社交网络平台特性、消费者购买意向、信任主体和信任产生方式的 Cronbach's α 系数，从而删除信度较低的测量项，使得剩余各项数据都有较高的可信度，从而可以用于后续的计算分析。

3. 因子分析法

社交网络平台特性、信任主体、信任产生方式、消费者购买意向等概念都包含了多个变量，需要通过因子分析法在保留数据信息的基础上对数据进行降维处理，从而计算多项因子相关性。

若以 $X = (x_1, x_2, \cdots, x_p)$ 为变量，则因子分析模型为：

$$\begin{cases} x_1 = a_{11}F_1 + a_{12}F_2 + \cdots + a_{1m}F_m + e_1 \\ x_2 = a_{21}F_1 + a_{22}F_2 + \cdots + a_{2m}F_m + e_2 \\ \cdots\cdots\cdots \\ x_p = a_{p1}F_1 + a_{p2}F_2 + \cdots + a_{pm}F_m + e_p \end{cases} \tag{4-2}$$

上式可改写为矩阵形式：

$$X = AF + e$$

其中 F 为 X 的公因子，矩阵 A 是因子载荷矩阵，e 是 X 的特殊因子。

$$h_i{}^2 = \sum_{j=1}^{m} a_{ij} \qquad (4\text{-}3)$$

$$g_j{}^2 = \sum_{i=1}^{p} a_{ij} \qquad (4\text{-}4)$$

其中 $h_i{}^2$ 为变量 x_i 的共同度，表示公因子对变量 x_i 的影响作用。$g_j{}^2$ 是公因子 F_j 对 x_j 的方差的影响，体现了不同公因子的相关性。在计算全部 $g_j{}^2$ 后，根据 $g_j{}^2$ 的大小进行排序，提取出影响作用最大的公因子，对其检验后就可以用于计算回归模型。

影响消费者购买意向的因素很多，单一的因子分析方法不能充分考虑变量对测试结果的影响，因此，本研究通过因子分析法对社交网络平台特性、信任和消费者购买意向等相关变量进行分析。

4. 方差膨胀因子法

如果多项变量之间存在相互作用，则会导致研究结果不稳定，因此要计算各项变量的方差膨胀因子（VIF）。方差膨胀因子的计算方法如下：

$$TOL_j = 1 - R_j{}^2 \qquad (4\text{-}5)$$

$$VIF_j = \frac{1}{TOL_j} = \frac{1}{1 - R_j{}^2} \qquad (4\text{-}6)$$

其中 VIF_j 是自变量 x_j 的方差膨胀因子；$R_j{}^2$ 是将 x_j 当作因变量时对其他解释变量进行回归后的复相关系数。如果方差膨胀因子小于 10，则说明解释变量之间不存在多重共线性。

5. 残差项散点图法

残差项散点图法可以用以测定回归模型中方差之间是否相互独立。计算方法如下：

$$\text{Cov}(\varepsilon_i, \varepsilon_j) = 0 \qquad (4\text{-}7)$$

$$\text{Var}(\varepsilon_i) = \sigma_i{}^2 = \sigma^2 \qquad (4\text{-}8)$$

在计算出回归模型的方差后，可根据残差散点的分布来判断。如果残差散点的分布不具备规律性，即散点在零基准线上下没有呈规律的分布，则说明根据回归模型计算得到的方差是齐性的，解释变量之间不存在异方差的问题。

6. DW 法

序列相关是指数据在时间尺度上可能存在相关影响，可以通过 DW 法检验数据是否具有序列相关性。该检验是对随机残差项是否存在前后自身相关问题的检验。计算方法如下：

$$H_0 : \text{Cor}(e_t, e_{t-1}) = 0 \tag{4-9}$$

其中 e_t, e_{t-1} 分别为被解释变量 Y_t 在对若干解释变量作回归以后的每一个时点与其前一个时点的残差。

7. 多元线性回归分析法

多元线性回归模型可以综合全面地考虑多种因子对因变量的共同作用。通过多元回归模型，可以计算出社交网络平台特性、信任主体、信任产生方式与消费者购买意向之间的关系。

（1）多元线性回归分析模型表达式：

$$Y_i = \beta_0 + \beta_1 x_{i1} + \beta_2 x_{i2} + \beta_m x_{im} + \cdots + \varepsilon_i \quad (i = 1, 2, \cdots, n) \tag{4-10}$$

其中 β_0 为常数项；$\beta_1, \beta_2, \cdots, \beta_m$ 为斜率的总体参数；ε_i 为随机误差项。

将式（4-10）改写成矩阵形式为

$$\boldsymbol{Y} = \boldsymbol{X}\boldsymbol{\beta} + \boldsymbol{\varepsilon} \tag{4-11}$$

（2）利用最小二乘法估算模型参数。

$$SSR = \boldsymbol{\varepsilon}'\boldsymbol{\varepsilon} = (\boldsymbol{Y} - \boldsymbol{X}\boldsymbol{\beta})'(\boldsymbol{Y} - \boldsymbol{X}\boldsymbol{\beta}) = \boldsymbol{Y}'\boldsymbol{Y} - 2\boldsymbol{Y}\boldsymbol{X}\boldsymbol{\beta} + \boldsymbol{\beta}'\boldsymbol{X}'\boldsymbol{X}\boldsymbol{\beta} \tag{4-12}$$

$$\frac{\partial(SSR)}{\partial(\boldsymbol{\beta})} = -2\boldsymbol{Y}'\boldsymbol{X}\boldsymbol{\beta} + 2\boldsymbol{X}'\boldsymbol{X}\boldsymbol{\beta} \tag{4-13}$$

$$b = (X'X)^{-1} X'Y \tag{4-14}$$

其中 b 为参数 β 的无偏估计值。

（3）回归方程假设检验。

假设 $H_0 : \beta_1 = \beta_2 = \cdots = \beta_m = 0$ ；　$H_1 : \beta_i(i=1,2,\cdots,m)$ 不全为 0。

$$SS_{总} = SS_{残} + SS_{回} \tag{4-15}$$

其中

$$SS_{回} = b_1 l_{1Y} + b_2 l_{2Y} + \cdots + b_m l_{mY} \tag{4-16}$$

$$SS_{残} = SS_{总} - SS_{回} \tag{4-17}$$

$$F = \frac{SS_{回} / m}{SS_{残} / (n-m-1)} = \frac{MS_{回}}{MS_{残}} \tag{4-18}$$

（4）偏回归系数的假设检验。

① 方差分析法：

$$F = \frac{SS(x_i) / v_1}{SS_{残} / v_2} \tag{4-19}$$

其中 $v_1 = 1, v_2 = n-m-1$，$SS(x_i)$ 为第 i 个自变量的偏回归平方和。

② t 检验法：

$$t_i = \frac{b_i}{s_{b_i}} \tag{4-20}$$

其中 $v = n-m-1$。

根据上述方法计算得到的回归模型和系数可以量化多个自变量对因变量的影响。所以，本研究最根本的设计是运用多个定量分析方法，从不同角度探讨信任、社交平台特性、消费者购买意向及倾向之间的关系，积极验证定性分析提出的各种假设。

8. 结构方程模型

结构方程模型（Structural Equation Modeling，简称 SEM）是一种验证性方法，一般情况下需要理论或经验法则的支持。它可建立变量间的因果模型（Causal Model），是社会科学研究中常用且好用的方法。传统的统计方法在经济、管理等领域需要研究潜变量或者多因素、多结果之间的关系时往往难以解决，而 20 世纪 60 年代提出来的结构方程模型很好地弥补了传统的统计方法的不足，特别是在多元数据分析中非常有效。结构方程模型是建立、估计、检验模型中是否存在因果关系的重要工具，该模型包含了显在变量和潜在变量，可以进行多重回归、因子分析和方差分析等，并且能够直观地展示单项指标间的相互关系及各指标对总体的影响。

一般的结构方程模型有两个：一个是测量模型，另一个是潜在变量模型或结构模型。其建模步骤如下。

（1）测量模型：

$$X = \Lambda_X \xi + \delta \qquad （4-21）$$

$$Y = \Lambda_Y \eta + \varepsilon \qquad （4-22）$$

其中 X 为外生显变量组成的向量；Y 为内生显变量组成的向量；ξ 为外生潜变量组成的向量；η 为内生潜变量组成的向量；Λ_X 为外生显变量与外生潜变量之间的关系，即因子负荷矩阵；Λ_Y 为内生显变量与内生潜变量之间的关系，同样是因子负荷矩阵。

（2）结构模型：

$$\eta = B\eta + \gamma\xi + \zeta \qquad （4-23）$$

其中 B 为内生潜变量间的关系（如其他内生潜变量与工作满意度的关系）；γ 为外源潜变量对内生潜变量的影响（如工作自主权对工作满意度的影响）；ζ 为结构方程的残差项，反映了方程中未能被解释的部分。

本研究采用结构方程模型检验了模型中的潜在变量（Latent Variables）、外显变量（Manifest Variables）及误差变量（Error Variable）之间的关系，通过对变量间的路径关系研究来评估结构模式的配适性，以验证本研究提出的关于信任、社交平台特性、消费者购买意向三者之间的研究假设。

第 5 章 探索性研究的数据分析

5.1 信度与效度检验

5.1.1 信度检验

调查问卷做完之后，并不能直接采用调查问卷的数据进行计算，还需要对所获得的数据进行检验，以观察调查问卷数据是否可以真实地反映客观真实性和可信程度。因此要对调查问卷数据进行信度检验。

这里的信度是指调查问卷的可靠性体现。对同一对象采用同一方法经过重复检测得出结果一致性的程度就是信度检验。量表的可靠性是指在一次调查中对相同或相近的问题得出相同或相近的答案。换句话说，当某份问卷通过连贯的问题，使同一个问题的答案相同或相近时，就可以说量表的度量是可靠的。韩小芸和汪纯孝（2003）认为，量表的可靠性是指一组计量项目是否能衡量同一个概念。在实证研究中，学术界一般采用内部一致性值检验量表的可靠性。笔者使用 SPSS 软件，计算每个计量尺度与子尺度的内部一致性系数。

信度检验一般是通过计算 Cronbach's α 系数，即真实分数的方差与观察分数方差的比值 α 来判断数据的可信程度的。随着 α 系数的增加，调查问卷数据的真实可信程度逐渐可靠。关于 Cronbach's α 值应该多大才能表明量表可靠这样的问题，美国统计学家海尔（Joseph F. Jr. Hair）、安德森（Rolphe E. Anderson）、泰森（Ronald L. Tathan）和布莱克（Wiliam C. Black）指出，一般情况下，Cronbach's α 值大于 0.7，表明量表是可靠的；当计量尺度的项目数小于 6 时，Cronbach's α 值大于 0.6，表明量表是可靠的。根据通用的分类标准：当 $\alpha \leqslant 0.3$ 时，表明数据的可信性极低；当 $0.3 < \alpha \leqslant 0.4$ 时，表明仅有部分数据具有一定的可信性；当 $0.4 < \alpha \leqslant 0.5$ 时，表明数据具有一定的可信性；当 $0.5 < \alpha \leqslant 0.7$ 时，表明数据整体可信；

当 $0.7 < \alpha \leq 0.9$ 时，表明数据的可信度较好；当 $\alpha > 0.9$ 时，表明数据的可信度非常高。在探索性研究中，Cronbach's α 值可以小于 0.7，但应大于 0.5。

根据探索性研究调查问卷的数据计算出社交网络平台特性、消费者购买意向、信任主体和信任产生方式的 Cronbach's α 系数，在删除信度较低的测量项后，计算结果如表 5-1 所示。从表 5-1 可以看出，每一个变量的 α 系数都大于 0.8，表明各项数据都有较高的可信度，从而可以用于后续的计算分析。

表 5-1　探索性研究问卷的内部一致性信度分析结果

内　　容	Cronbach's α 值
社交网络平台特性	0.903
消费者购买意向	0.912
信任主体	0.800
信任产生方式	0.889

5.1.2　效度检验

效度即有效性，它是指测量工具或手段能够准确测出所要测量事物的程度。测量的结果与考察内容越契合，说明效度越高，反之，效度越低。效度检验是进行问卷分析的必要环节，用于测验问卷能否正确测量研究项目特性的程度。效度检验一般包括各题项内容效度、准则效度和问卷的结构效度。其中，内容效度是指调查测试的类型和覆盖内容是否考虑充分，能否满足检测的目的和需求；准则效度则指问卷测验到的数据与相应指标准则的关系；问卷的结构效度是检测调查问卷能够测量出所构建的理论概念和特质的程度。Kaiser（1970）认为，只有取样的适当性数值（KMO）大于 0.5，且巴特利特球体检验 P 值小于 0.01 时，进行因子分析的数据才具备有效性。

通过探索性研究调查问卷的数据计算出社交网络平台特性、消费者购买意向和信任产生方式的 KMO 样本测度统计值和巴特利特球体检验 P 值，结果如表 5-2 所示。从表 5-2 可以看出，各变量的 KMO 样本测度统计值都大于 0.7，且巴特利特球体检验 P 值小于 0.01，具有统计意义上的显著性，问卷数据的有效程度较好，因子分析具有可行性。

表 5-2　探索性研究问卷 KMO 与巴特利特球形检验结果

变量	KMO 样本测度统计值	KMO 样本测度统计值	巴特利特球体检验 P 值
社交网络平台特性	0.871		0.000
消费者购买意向	0.827	≥0.70	0.000
信任主体	0.762		0.000
信任产生方式	0.873		0.000

　　下面对探索性研究问卷进行因子分析，结果如表 5-3 所示。表 5-3 为探索性研究问卷因子分析结果，从中可以看出，八个因子的累积方差达到了 75.96%，与调查问卷设计的结构符合度较高。

表 5-3　探索性研究问卷因子分析结果

成分	初始特征值 合计	初始特征值 方差的百分比	初始特征值 累积百分比	提取平方和载入 合计	提取平方和载入 方差的百分比	提取平方和载入 累积百分比	旋转平方和载入 合计	旋转平方和载入 方差的百分比	旋转平方和载入 累积百分比
1	11.563	41.297	41.297	11.563	41.297	41.297	4.726	16.879	16.879
2	3.167	11.310	52.607	3.167	11.310	52.607	3.606	12.880	29.759
3	1.583	5.652	58.260	1.583	5.652	58.260	3.084	11.013	40.772
4	1.265	4.518	62.778	1.265	4.518	62.778	2.268	8.101	48.873
5	1.143	4.081	66.859	1.143	4.081	66.859	2.234	7.979	56.852
6	.948	3.385	70.244	.948	3.385	70.244	1.952	6.971	63.823
7	.864	3.086	73.331	.864	3.086	73.331	1.806	6.449	70.272
8	.737	2.633	75.964	.737	2.633	75.964	1.594	5.692	75.964

　　表 5-4 是在删除信度较低的测量项后，各种测量项的因子载荷系数。从因子载荷系数的相关数据可以看出，同一个因子所包含变量的载荷系数都大于参考值 0.5，不存在交叉负荷量过高的题目，能比较容易地判断出题项所属的具体因子。这说明设计的问卷具有很高的建构效度。

表 5-4 探索性研究问卷因子载荷系数（旋转后）

测量题项	成 分							
	1	2	3	4	5	6	7	8
体验性 1	−.094	.210	.153	.115	.034	−.063	.069	.834
体验性 2	.134	.293	−.031	−.044	.045	.113	.101	.784
价值性 1	.062	.840	.156	.117	−.041	−.125	.048	.131
价值性 2	.079	.835	.087	.000	.223	.049	.131	.161
价值性 3	.242	.731	.095	.157	.008	.015	.225	.218
价值性 4	.313	.666	.094	.030	.242	.135	.262	.164
技术性 1	.123	.600	.127	.071	−.012	.023	.587	.061
技术性 2	.266	.467	.060	.046	.146	.126	.683	.043
技术性 4	.216	.311	.160	.185	.114	−.026	.665	.200
购买意向 1	.764	.161	.199	.242	.042	.099	.086	.054
购买意向 2	.754	.217	.263	.223	.215	.052	−.056	−.014
购买意向 3	.761	.133	.233	.188	.241	.016	.131	.000
购买意向 4	.756	.138	.232	.070	.128	.138	.280	.052
购买意向 5	.745	.090	.206	.075	.253	.206	.202	.003
信任信念 1	.371	.118	.270	.183	.727	.081	.104	.102
信任信念 2	.465	.179	.265	.352	.454	.016	.213	−.121
信任信念 3	.444	.207	.157	.204	.653	.141	.021	.046
信任意愿 1	.165	.174	.612	.180	−.081	.485	.020	.031
信任意愿 2	.237	.148	.360	.208	.062	.701	−.030	.008
信任意愿 3	.071	−.143	.091	.065	.119	.865	.060	.043
以过程为基础的信任 1	.301	.145	.168	.764	−.030	.221	−.062	.128
以过程为基础的信任 2	.387	.161	.191	.605	.286	−.009	.156	.052
以过程为基础的信任 3	.183	−.064	.424	.586	.331	.055	.266	.039
以过程为基础的信任 4	.094	.105	−.040	.584	.396	.420	.203	−.127
以制度为基础的信任 1	.415	.182	.729	.166	.131	.124	.070	.035
以制度为基础的信任 2	.401	.101	.635	.267	.302	.068	.087	.145
以制度为基础的信任 3	.440	.023	.539	.071	.466	.199	.132	.157
以制度为基础的信任 4	.308	.188	.743	.049	.197	.133	.142	.032

注：提取方法：主成分分析方法；旋转法：具有 Kaiser 标准化的正交旋转法；α 旋转在
9 次迭代后收敛。

综合信度检验和效度检验的计算结果，可以看出，在删除信度较低的测量项后，调查数据的测量项和数据都具有很好的可信性和有效性，可以进行后续的计算分析。

5.2 相关变量因子分析

因子分析法是探索性分析和验证性分析两种分析形式的统一体。1904 年，英国心理学家 Charles Spearman 提出单一化的智能因子（Asingle Intellectual Factor）。随着研究的深入，越来越多的个体样本被分析，单一的因子分析方法被证明是不充分的。为此，瑞典心理学家 Thurstone 于 20 世纪 30 年代提出了多元因子分析方法（Multiple Factor Analysis），它可以综合全面地考虑多种因子对测试项的影响程度。其中，探索性因子分析方法是一种在保留数据信息的基础上通过对数据进行降维处理，计算多项因子相关性的方法。通过探索性因子分析可以找出多项变量与观测项之间的结构关系。

5.2.1 社交网络平台特性的探索性因子分析

采用主成分分析方法和最大方差旋转方法对社交网络平台特性进行因子分析，计算出问卷结果，结果如表 5-5 所示。

表 5-5 探索性研究问卷对组织结构特性变量的探索性因子分析

变量	Cronbach's α	因子 1	因子 2	因子 3	共同度
价值性 1		.848	.181	.195	.789
价值性 2	0.877	.820	.319	.190	.810
价值性 3		.700	.438	.223	.732
价值性 4		.580	.563	.170	.682
技术性 1		.404	.739	.102	.720
技术性 2	0.823	.302	.839	.055	.798
技术性 4		.152	.789	.236	.701
体验性 1	0.672	.161	.088	.868	.786
体验性 2		.213	.188	.797	.716

注：KMO 值为 0.871；Bartlett's 球体检验的 χ^2 统计值的显著性概率为 0.000，说明适合进行因子分析；因子负载平方和累计占总体方差的比例为 74.83%。

从表 5-5 可以看出，社交网络平台特性呈现出三个因子变量的特征，其中因子 1 体现的是社交网络平台的正规化程度，即价值性因子；因子 2 体现的是社交网络平台的专业化程度，即技术性因子；因子 3 体现的是社交网络平台的体验结果程度，即体验性因子。

5.2.2　信任的因子分析

1. 信任主体的因子分析

探索性研究问卷中信任主体的因子分析结果如表 5-6 所示。

表 5-6　信任主体变量的探索性因子分析

变　量	Cronbach's α	因子 1	因子 2	共 同 度
信任信念 1		.874	.166	.792
信任信念 2	0.857	.846	.149	.739
信任信念 3		.868	.190	.790
信任意愿 1		.258	.742	.616
信任意愿 2	0.744	.301	.817	.758
信任意愿 3		-.013	.832	.692

注：KMO 值为 0.762；Bartlett's 球体检验的 χ^2 统计值的显著性概率为 0.000，说明适合进行因子分析；因子负载平方和累计占总体方差的比例为 73.103%。

从表 5-6 可以看出，信任主体变量呈现出两个因子变量的特征，其中因子 1 体现的是消费者信任信念的情况，即信任信念因子；因子 2 体现的是信任意愿的情况，即信任意愿因子。

2. 信任产生方式的因子分析

探索性研究问卷中信任产生方式的因子分析结果如表 5-7 所示。

表 5-7　探索性研究问卷中信任产生方式变量的探索性因子分析

变　量	Cronbach's α	因子 1	因子 2	共同度
以制度为基础的信任 1		.848	.238	.626
以制度为基础的信任 2	0.896	.811	.363	.619
以制度为基础的信任 3		.806	.288	.679
以制度为基础的信任 4		.863	.142	.681

续表

变　量	Cronbach's α	因子 1	因子 2	共同度
以过程为基础的信任 1		.232	.756	.776
以过程为基础的信任 2	0.801	.407	.673	.788
以过程为基础的信任 3		.468	.678	.732
以过程为基础的信任 4		.069	.822	.764

注：KMO 值为 0.873；Bartlett's 球体检验的 χ^2 统计值的显著性概率为 0.000，说明适合进行因子分析；因子负载平方和累计占总体方差的比例为 70.810%。

从表 5-7 可以看出，信任产生方式变量呈现出两个因子变量的特征，其中因子 1 体现的是以制度为基础的信任情况，即以制度为基础的信任因子；因子 2 体现的是以过程为基础的信任情况，即以过程为基础的信任因子。

5.2.3　消费者购买意向的因子分析

探索性研究问卷中消费者购买意向的因子分析结果如表 5-8 所示。

表 5-8　探索性研究问卷中消费者购买意向变量的探索性因子分析

变　量	Cronbach's α	因子 1	共同度
购买意向 1		.836	.699
购买意向 2		.862	.744
购买意向 3	0.912	.880	.774
购买意向 4		.861	.741
购买意向 5		.861	.742

注：KMO 值为 0.827；Bartlett's 球体检验的 χ^2 统计值的显著性概率为 0.000，表明适合做因子分析；因子负载平方和累计占总体方差的比例为 73.993%。

从表 5-8 可以看出，描述消费者购买意向的变量能提取出一个公因子，这些变量主要描述了信任带来的消费者购买意向的变化。因此，将其命名为消费者购买意向。

通过探索性研究问卷结果的探索性因子分析，可以发现，社交网络平台特性包含技术性、价值性和体验性三个因子；信任中的信任主体包含信任信念和信任意愿两个因子；信任产生方式包含以制度为基础的信任和以过程为基础的信任两个因子；消费者购买意向变量项可以归纳为一个购买意向因子。综上所述，通过探索性因子分析可将变量项分为技术性、价值性、体验性、信任信念、信任意愿、以制度为基础的信任、以过程为基础的信任以及购买意向等八个因子，且可用于后面的计算分析。

5.3　相关检验

多元线性回归分析之前必须进行相关检验，以确保没有异方差、没有多重共线性、没有序列相关等问题，进而确保研究的可靠性和准确度。

5.3.1　多重共线性检验

如果多项变量之间存在相互影响，则会导致研究结果的不稳定。多重共线性检验可以通过计算各项变量的方差膨胀因子（VIF）来进行，如果方差膨胀因子小于 10，则说明解释变量之间不存在多重共线性。

将社交网络平台注册粉丝数、平台类型和平台活跃度作为控制变量，体验性、价值性和技术性作为调节变量，信任信念、信任意愿、以制度为基础的信任和以过程为基础的信任作为解释变量，探索性研究问卷数据的计算结果如表 5-9 所示。从表 5-9 可以看出，所有变量的 VIF 值均在 0~10 之间，说明解释变量之间不存在多重共线性，实验设计合理。

表 5-9　解释变量的方差膨胀因子

变量名称		方差膨胀因子（VIF）
控制变量	平台注册粉丝数	$2.032 \leqslant VIF \leqslant 2.901$
	平台类型	$1.284 \leqslant VIF \leqslant 2.128$
	平台活跃度	$2.945 \leqslant VIF \leqslant 5.493$
调节变量	体验性	1.851
	价值性	1.315
	技术性	1.412
解释变量	信任信念	3.512
	信任意愿	1.791
	以制度为基础的信任	3.102
	以过程为基础的信任	2.401

5.3.2　异方差检验

常用的异方差检验方式有以下三种：White 检验、Glejser 检验和自回归条件异方差（ARCH）检验。

1. White 检验

H.White 在 1980 年提出 White 检验，这是一种不需要对数据进行排序的回归检验方法。具体计算方法如下：

$$y_t = \beta_0 + \beta_1 x_{t1} + \beta_2 x_{t2} + u_t \qquad (5\text{-}1)$$

（1）首先对上式进行 OLS 回归，求出残差 $\hat{u}_t$。

（2）做如下辅助回归式：

$$\hat{u}_t^2 = \alpha_0 + \alpha_1 x_{t1} + \alpha_2 x_{t2} + \alpha_3 x_{t1}^2 + \alpha_4 x_{t2}^2 + \alpha_5 x_{t1} x_{t2} + v_t \qquad (5\text{-}2)$$

即对原回归式 $\hat{u}_t^2$ 中的各解释变量、解释变量的平方项、交叉积项进行 OLS 回归，上述公式中的常数项需要保留。计算辅助回归式（5-2）的可决系数 R^2。

White 检验的步骤如下：

第一步：White 检验的零假设和备择假设是：

H_0：式（5-1）中的 u_t 不存在异方差；

H_1：式（5-1）中的 u_t 存在异方差。

第二步：在不存在异方差假设条件下，其统计量为

$$TR^2 \sim \chi^2_{(5)} \qquad (5\text{-}3)$$

其中 T 表示样本容量，R^2 是辅助回归式（5-2）的 OLS 估计式的可决系数。自由度 5 表示辅助回归式（5-2）中解释变量项数（不计算常数项）。TR^2 属于 LM 统计量。

第三步：判别规则是：

若 $TR^2 \leqslant \chi^2_{\alpha(5)}$，接受 H_0（u_t 具有同方差）；

若 $TR^2 > \chi^2_{\alpha(5)}$，拒绝 H_0（u_t 具有异方差）。

2. Glejser 检验

若 $|\hat{u}_t|$ 与解释变量 x_t 之间存在函数关系，则表明存在异方差。通常检验形式如下：

（1）$|\hat{u}_t| = a_0 + a_1 x_t$ ；

（2）$|\hat{u}_t| = a_0 + a_1 x_t^2$ ；

（3）$|\hat{u}_t| = a_0 + a_1 \sqrt{x_t}$ ；

……

Glejser 检验的特点是：

（1）可检验递增型异方差和递减型异方差。

（2）当发现有异方差时，异方差的具体表现形式也就被发现了。

（3）计算量比较大。

（4）在原模型含有多个解释变量值时，可把 $|\hat{u}_t|$ 拟合成多变量回归形式。

3. 自回归条件异方差（ARCH）检验

自回归条件异方差检验中先将 σ_t^2 看作误差滞后项 $u_{t-1}^2, u_{t-2}^2, \cdots$ 的函数，然后进行误差项二阶矩的自回归计算。

首先，将辅助回归式定义为

$$\hat{u}_t^2 = \alpha_0 + \alpha_1 \hat{u}_{t-1}^2 + \cdots + \alpha_n \hat{u}_{t-n}^2 \qquad （5-4）$$

其次，将 LM 统计量定义为

$$ARCH = TR^2 \sim \chi_{(n)}^2$$

其中 R^2 是辅助回归式（5-4）的可决系数。

当 $H_0: \alpha_1 = \cdots = \alpha_n = 0$ 时，ARCH 渐近服从 $\chi_{(n)}^2$ 分布。

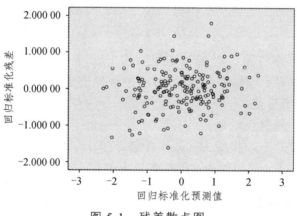

图 5-1　残差散点图

图 5-1 是计算得到的回归残差散点图。从图 5-1 可以看出，残差散点的分布不具备规律性，比较分散，这说明根据回归模型计算得到的方差是相同的，解释变量之间不存在异方差问题。

5.3.3　序列相关检验

序列相关检验，即随机项 e 自相关的 DW 检验。该检验是对随机残差项是否存在前后自身相关问题的检验。

在回归分析方法中，还有一个重要的假设就是回归模型中的随机项 u_i 是独立的或不相关的，即：

$$\mathrm{Cov}(u_i, u_j) = 0, \ i \neq j, \ j = 1, 2, \cdots, n$$

显然，这个假设是对复杂客观经济现象高度抽象的简化。实际上，任何前后期的经济变量总是相互关联的，因此，在实际问题的分析中，常常出现与此假设相违背的情况也就不奇怪了。如果 $u_i, u_j (i \neq j)$ 之间存在相关性，则称为序列相关，亦即：

$$\mathrm{Cov}(u_i, u_j) = 0, \ i \neq j$$

序列相关是指数据在时间尺度上可能存在相关影响，从而导致不同时间点的残差值具有一定的相互关联关系。进行数据调查的时间为 2017 年 5 月到 2017 年 6 月，时间上连续性较好，且时间跨度小，在较大的时间尺度上可以认为这是一个时间点。根据上式计算得到的 DW 值为 1.957，不存在序列相关问题。

综上所述，研究数据及因子不存在多重共线性问题、异方差问题和序列相关问题，可以开展多元统计回归分析。

5.4　多元回归分析

5.4.1　多元回归模型的构建

依据探索性因子分析的结果，在进行信任与消费者购买意向的回归分析时，以消费者购买意向作为因变量。本模型的自变量包括控制变量（平台的类型、活跃度、粉丝数等）、解释变量（信任信念、信任意愿、以过程为基础的信任、以制度为基础的信任）和权变量（社交网络平台的技术性、价值性、体验性及交互项，具体包括：体验性*以过程为基础的信任、体验性*信任意愿、技术性*信任信念、价值性*信任意愿、技术性*信任意愿、体验性*以制度为基础的信任、价值性*以过程为基础的信任、价值性*信任信念、技术性*以过程为基础的信任、价值性*以制度为基础的信任、技术性*以制度为基础的信任、体验性*信任信念）。

有调节效应的回归方程的一般概念模型如下：

$$Y = aX + bM + cXM + e \qquad (5\text{-}5)$$

有多个自变量和调节变量情况的模型可以写成：

$$Y = \sum_{i=1}^{n} a_i X_i + \sum_{j=1}^{m} b_j M_j + \sum_{i=1}^{n}\sum_{j=1}^{m} c_{ij} X_i M_j + \mu \qquad (5\text{-}6)$$

其中 Y 是消费者购买意向；X 是解释变量（以过程为基础的信任、以制度为基础的信任、信任信念、信任意愿）和控制变量；M 是权变量社交网络平台特性（技术性、价值性、体验性）；$X*M$ 是交互项（体验性*信任信念、体验性*信任意愿、价值性*以过程为基础的信任、价值性*以制度为基础的信任、技术性*以过程为基础的信任、技术性*以制度为基础的信任）；i 为自变量的个数；j 为调节变量的个数。建模时需要做层次回归分析，以检验偏回归系数 c 的显著性（t 检验），或检验测定系数的变化（F 检验）。

5.4.2　相关分析

构建好模型以后，就可提取探索性研究问卷中各公因子值的最小值、最大值以及相关性分析结果，如表 5-10 所示。

表 5-10　探索性研究问卷中各因子间的相关系数

变量	价值性	技术性	体验性	购买意向	信任信念	信任意愿	以制度为基础的信任	以过程为基础的信任
价值性	1							
技术性	.000	1						
体验性	.000	.000	1					
购买意向	.244*	.476**	-.024	1				
信任信念	.198*	.447**	.053	.698**	1			
信任意愿	-.019	.105	.054	.291**	.000	1		
以制度为基础的信任	.154*	.329**	.139	.647**	.539**	.341**	1	
以过程为基础的信任	.089	.299**	-.017	.412**	.458**	.282**	.000	1

注：样本容量 n=193；经过双侧检验，显著性水平*：$P<0.05$；**：$P<0.01$。

通过表 5-10 可以看出，在信任和消费者购买意向的关系中，信任信念、信任意愿、以制度为基础的信任、以过程为基础的信任都与消费者购买意向呈现出明显的正相关关系，此结论符合前期假设。在社交网络平台特性和消费者购买意向的关系中，价值性、技术性也都与消费者购买意向具有显著的正相关关系。在社交网络平台特性和信任的关系中，价值性与信任信念、以制度为基础的信任有着显著的正相关关系；技术性与信任信念、以制度为基础的信任、以过程为基础的信任也呈显著正相关。在信任的信任主体和信任产生方式的关系中，信任信念与以制度为基础的信任、以过程为基础的信任呈显著正相关；信任意愿与以制度为基础的信任、以过程为基础的信任呈现出一定的正相关性，但是相关程度较低。

5.4.3　假设检验及结果

前期的研究仅考虑了两个变量之间单独的相关性，为此，还需要开展多元统计回归分析以分析多个变量同时影响的情况。

1. 模型检验结果

根据前期的研究结果，逐步建立了四个模型，以分析控制变量、解释变量、权变量和交互项等因素对因变量的影响情况。具体如下：

第一步：先分析平台粉丝数、平台类型、平台活跃度对因变量的影响，即建立模型 1。

第二步：在模型 1 的基础上，考虑信任信念、信任意愿、以过程为基础的信任、以制度为基础的信任带来的影响，建立模型 2。

第三步：在模型 2 的基础上，将社交网络平台特性（体验性、技术性、价值性）纳入回归方程形成模型 3。

第四步：在模型 3 的基础上分析体验性*信任信念、体验性*信任意愿、价值性*以过程为基础的信任、价值性*以制度为基础的信任、技术性*以过程为基础的信任、技术性*以制度为基础的信任等交互项的影响。

表 5-11 为探索性研究问卷中四个模型的回归参数。从表 5-11 可以看出，随着模型的依次计算，各种变量逐步加入考虑，回归平方和逐渐变大，残差平方和逐渐变小，复相关系数 R 值从 0.208 增加到 0.842，拟合优度 R^2 值从 0.043 增加到 0.708，调整后的拟合优度 R^2 值从 0.028 增加到 0.674，这表明模型的拟合程度越来越好，即解释效果随之增强。

表 5-11 多元线性回归模型的总体参数

模型	R	R^2	调整 R^2	标准估计的误差	更改统计量				
					R^2 更改	F 更改	df1	df2	Sig. F 更改
1	.208[a]	.043	.028	.985 787 47	.043	2.859	3	189	.038
2	.809[b]	.654	.641	.599 110 26	.611	81.675	4	185	.000
3	.821[c]	.673	.655	.587 085 89	.019	3.552	3	182	.016
4	.842[d]	.708	.674	.570 781 89	.035	2.055	10	172	.031

① 预测变量：（常量），平台粉丝数，平台类型，平台活跃度。

② 预测变量：（常量），平台粉丝数，平台类型，平台活跃度，信任意愿，信任信念，以过程为基础的信任，以制度为基础的信任。

③ 预测变量：（常量），平台粉丝数，平台类型，平台活跃度，信任意愿，信任信念，以过程为基础的信任，以制度为基础的信任，体验性，价值性，技术性。

④ 预测变量：（常量），平台粉丝数，平台类型，平台活跃度，信任意愿，信任信念，以过程为基础的信任，以制度为基础的信任，体验性，价值性，技术性，体验与过程，体验与制度，技术性与信任信念，价值性与过程，体验与信任意愿，价值性与制度，技术性与信任意愿，技术性与过程，技术性与制度，体验与信任信念，价值性与信任意愿，价值性与信任信念。

⑤ 因变量：购买意向。

表 5-12 探索性研究问卷中多元线性回归模型的方差分析结果

模 型		平方和	df	均方	F	Sig.
1	回归	8.334	3	2.778	2.859	.038[a]
	残差	183.666	189	.972		
	总计	192.000	192			
2	回归	125.597	7	17.942	49.988	.000[b]
	残差	66.403	185	.359		
	总计	192.000	192			
3	回归	129.270	10	12.927	37.505	.000[c]
	残差	62.730	182	.345		
	总计	192.000	192			
4	回归	135.964	20	6.798	20.867	.000[d]
	残差	56.036	172	.326		
	总计	192.000	192			

① 预测变量：（常量），平台粉丝数，平台类型，平台活跃度。

② 预测变量：（常量），平台粉丝数，平台类型，平台活跃度，信任意愿，信任信念，以过程为基础的信任，以制度为基础的信任。

③ 预测变量：（常量），平台粉丝数，平台类型，平台活跃度，信任意愿，信任信念，以过程为基础的信任，以制度为基础的信任，体验性，价值性，技术性。

④ 预测变量：（常量），平台粉丝数，平台类型，平台活跃度，信任意愿，信任信念，以过程为基础的信任，以制度为基础的信任，体验性，价值性，技术性，体验与过程，体验与制度，技术性与信任信念，价值性与过程，体验与信任意愿，价值性与制度，技术性与信任意愿，技术性与过程，技术性与制度，体验与信任信念，价值性与信任意愿，价值性与信任信念。

⑤ 因变量：购买意向。

从表 5-12 可以看出，随着模型 1 到模型 4 的逐步扩展，残差平方和从 183.666 大幅度降低到 56.036，这表明模型的解释效果越来越好。此外，模型 2 的 F 值为 49.988，说明在 0.01 的显著性水平下有统计意义上的显著性，也就是说，模型 2 的自变量（控制变量和信任）与因变量（消费者购买意向）有显著的线性相关关系。模型 3 的 F 值为 37.505，说明在显著性水平 0.01 的情况下，存在统计显著性，其自变量（信任、控制变量和社交网络平台特性）与因变量（消费者购买意向）有显著的线性相关关系。模型 4 的 F 值为 20.867，说明在显著性水平 0.01 的情况下，存在统计显著性，其自变量（信任、控制变量、平台特性、交互项）与因变量（消费购买意向）有着显著的线性相关关系。

表 5-13　探索性研究问卷中各模型的回归系数及显著性

变　量	模型 1	模型 2	模型 3	模型 4
常 数 项	-.551	-.168	-.158	-.329
控 制 变 量				
非常活跃	.516	-.035	-.076	.021
比较活跃	.629	.248	.325	.341
一般	.114	.090	.109	.195
不太活跃	.210	.156	.189	.110
很不活跃	.241	-.020	.011	.139
100 万人及以下	.399	.197	.238	.311
101 万~1 000 万人	.531	.310	.301	.298
1 001 万~10 000 万人	.401	.201	.210	.269
10 000 万人以上	.511	.321	.212	.312
工作类	-.353	-.102	-.191	-.102
婚恋类	-.241	-.210	-.198	-.138
兴趣类	-.139	-.046	-.056	-.172
聊天类	-.321	-.210	-.098	-.128
其他	-.123	-.119	-0.048	-.092
解 释 变 量				
信任信念		.378**	.311**	.349**
信任意愿		.095	.089	.073
以制度为基础的信任		.394**	.383**	.373**
以过程为基础的信任		.214**	.196**	.196**

续表

变　量	模型 1	模型 2	模型 3	模型 4
调节变量				
价值性			.051	.077
技术性			.121*	.157*
体验性			−.117*	−.080
交互项				
体验性*信任信念				.169*
体验性*信任意愿				.032
价值性*以制度为基础的信任				−.201**
价值性*以过程为基础的信任				−.179**
技术性*以制度为基础的信任				.204*
技术性*以过程为基础的信任				.176**
模型统计量				
R^2	.043	.654	.673	.708
调整后的 R^2	.028	.641	.655	.674
F	2.857	84.550**	88.102*	90.157*

注：样本容量 n=193；经过双侧检验，显著性水平*：$P<0.05$；**：$P<0.01$。

根据表 5-13 中的模型可以看出，在探索性研究问卷调查结果中，平台注册会员数、平台类型、平台活跃度的非标准化回归系数在显著性水平 0.01 的情况下没有统计意义上的显著性，即平台注册会员数、平台类型、平台活跃度对消费者购买意向都无显著性的影响作用。信任信念、以过程为基础的信任、以制度为基础的信任这三项的非标准化回归系数在显著性水平 0.01 的情况下具有统计意义上的显著性，即这三项变量能显著地促进消费者的购买意向。

体验性和信任信念的交互项的非标准化回归系数为 0.169，在显著性水平 0.05 的情况下具有统计意义上的显著性，说明体验性可以对信任信念和消费者购买意向之间的关系起到正向调节作用。

体验性和信任意愿的交互项的非标准化回归系数不具有统计意义上的显著性，表明体验性对信任意愿和消费者购买意向之间的关系不起调节作用。技术性和以过程为基础的信任的交互项的非标准化回归系数为 0.176，在显著性水平 0.05 的情况下具有统计意义上的显著性，说明技术性对以过程为基础的信任和消费者购买意向之间的关系可以起到正向调节作用。

技术性和以制度为基础的信任的交互项的非标准化回归系数为 0.204，在显著性水平 0.05 的情况下具有统计意义上的显著性，说明技术性对以制度为基础的信任和消费者购买意向之间的关系可以起到正向调节作用。

价值性和以过程为基础的信任的交互项的非标准化回归系数为-0.179，在显著性水平 0.01 的情况下具有统计意义上的显著性，说明价值性对以过程为基础的信任和消费者购买意向之间的关系可以起到负向调节作用。价值性和以制度为基础的信任的交互项的非标准化回归系数为-0.201，且在显著性水平 0.01 的情况下具有统计意义上的显著性，说明价值性对以制度为基础的信任和消费者购买意向之间的关系起到了负向调节作用。

2. 调节效应分析

调节效应属于交互效应之一，是指有因果指向的交互效应。调节变量往往不会受自变量和因变量的影响，相反，在一定程度上调节变量可以影响自变量和因变量。刘军（2008）提出一种简易的描述调节效应的方法，即绘制考虑调节变量时，解释变量和被解释变量之间的直线关系，通过对比可以直观地看出调节变量是如何调节解释变量和被解释变量之间关系的。根据此方法，笔者分别绘制了体验性程度对信任信念和购买意向的调节效应、价值性程度对以制度为基础的信任和购买意向的调节效应等的调节效应图，如图 5-2 至 5-6 所示。

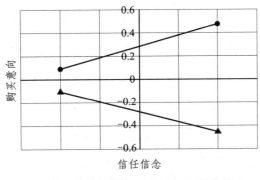

图 5-2　体验性程度对信任信念和购买意向的调节效应

从图 5-2 可以看出，社交网络平台的体验性较低时，消费者购买意向随着信任信念的增加而降低；社交网络平台的体验性较高时，消费者购买意向随着信任信念的增加而提高。这说明社交网络平台的体验性程度对信任信念和消费者购买意向之间的关系起着正向调节作用。

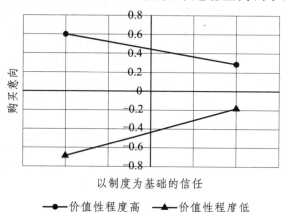

图 5-3　价值性程度对以制度为基础的信任和购买意向的调节效应

从图 5-3 可以看出，社交网络平台的价值性程度较低时，消费者购买意向会随着以制度为基础的信任的增加而增加；社交网络平台的价值性程度较高时，消费者购买意向随着以制度为基础的信任的增加而降低。这说明社交网络平台的价值性程度对以制度为基础的信任和消费者购买意向之间的关系起着负向调节作用。

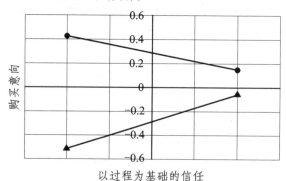

图 5-4　价值性程度对以过程为基础的信任和购买意向的调节效应

从图 5-4 可以看出，社交网络平台的价值性程度较低时，社交网络平台的消费者购买意向随着以过程为基础的信任的增加而增加；社交网络平台的价值性程度较高时，社交网络平台的消费者购买意向随着以过程为基础的信任的增加而降低。这说明社交网络平台的价值性程度对以过程为基础的信任和消费者购买意向之间的关系起着负向调节作用。

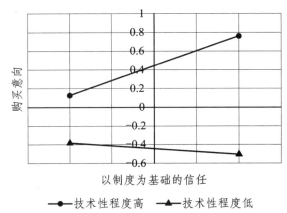

图 5-5　技术性程度对以制度为基础的信任和购买意向的调节效应

从图 5-5 可以看出，当技术性的价值性程度较低时，消费者购买意向会随着以制度为基础的信任的增加而降低；当社交网络平台的专业程度较高时，消费者购买意向会随着以制度为基础的信任的增加而增加。这说明社交网络平台的技术性程度对以制度为基础的信任和消费者购买意向之间的关系起着正向调节作用。

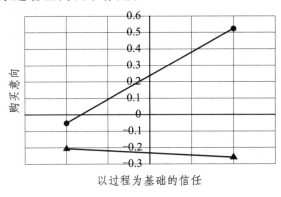

图 5-6　技术性程度对以过程为基础的信任和购买意向的调节效应

从图 5-6 可以看出，当社交网络平台的技术性程度较低时，社交网络平台消费者购买意向会随着以过程为基础的信任的增加而增加；而当社交网络平台的技术性程度较高时，社交网络平台消费者购买意向会随着以过程为基础的信任的增加而增加，且增加幅度有了很大提高。这说明社交网络平台的技术性程度对以过程为基础的信任和消费者购买意向之间的关系起着正向调节作用。

综上所述，社交网络平台的体验性程度对信任信念和消费者购买意向之间的关系起正向调节作用；社交网络平台的价值性程度对信任信念和消费者购买意向之间的关系起着负向调节作用；社交网络平台的价值性程度对以过程为基础的信任和消费者购买意向之间的关系起着负向调节作用；社交网络平台的技术性程度对以制度为基础的信任和消费者购买意向之间的关系起着正向调节作用；社交网络平台的技术性程度对以过程为基础的信任和消费者购买意向之间的关系起正向调节作用。以上调节效应图能直观地表达调节效果。

5.5 正式研究的必要性

通过探索性研究证明了消费者信任对购买意向的影响作用，但是本研究的探索性调查对象以在校大学生为主，鉴于社交网络服务群体众多，不仅仅局限于大学生，由此而无法推断其他不同类别的人群也存在着这两种现象。消费者所处的环境不同、性格特点各异、收入差别等，都会导致消费意愿的不同。因此，为了能够增强实证研究结论的说服力和普适性，需要补充数量以加强调查数据的有效性研究和判断，也就是说，有进一步研究的必要。

第6章 正式研究数据处理及分析

6.1 信度与效度检验

6.1.1 信度检验

在第一次探索性研究的基础上，本研究进行了第二次普适性的正式研究。在第二次调查问卷做完之后，笔者对所获得的数据进行检验，以观察调查问卷数据是否可以客观地反映真实性和可信程度。因此，要对调查问卷数据进行信度检验。

根据正式研究调查问卷的数据计算出社交网络平台特性、消费者购买意向、信任主体和信任产生方式的 Cronbach's α 系数。在前文已说明，通用的分类标准是：当 $\alpha \leqslant 0.3$ 时，表明数据的可信性极低；当 $0.3 < \alpha \leqslant 0.4$ 时，表明仅有部分数据具有一定的可信性；当 $0.4 < \alpha \leqslant 0.5$ 时，表明数据具有一定的可信性；当 $0.5 < \alpha \leqslant 0.7$ 时，表明数据整体可信；当 $0.7 < \alpha \leqslant 0.9$ 时，表明数据的可信度较好；当 $\alpha > 0.9$ 时，表明数据的可信度非常高。在删除信度较低的测量项后，根据正式研究实验问卷的数据计算出社交网络平台特性、消费者购买意向、信任主体和信任产生方式的 Cronbach's α 系数，计算结果如表 6-1 所示。从表 6-1 可以看出，除了信任主体以外，每一个变量的 α 系数都大于 0.8，而信任主体的 α 系数为 0.779，也大于 0.7，这表明各项数据都有较高的可信度，从而可以用于后续的计算分析。

表 6-1 正式研究问卷的内部一致性信度分析结果

内容	Cronbach's α 值
社交网络平台特性	0.858
消费者购买意向	0.917
信任主体	0.779
信任产生方式	0.875

本研究将普适性的正式研究结果与探索性研究结果进行对比分析，发现正式研究问卷的调查与探索性研究有细微的差别：探索性研究问卷由于研究者身份以及社会关系网络的原因，导致在问卷调查过程中样本出现了以在校大学生为主的情况。而正式研究调研工作，一方面在数量上进行了扩充，即在探索性研究问卷的基础上增加了样本量；另一方面，在人群类型分布上进行了扩展，即正式研究调研工作主要以社会人群为样本，获取的数据质量及代表性比探索性研究更为有效。通过对探索性研究和正式研究的调查问卷数据进行信度检验的结果所做的深入分析，笔者发现，正式研究除了信任主体以外，其他变量的 α 系数都大于 0.8，表明各项数据都有较高的可信度，从而可用于后续的计算分析。

6.1.2　效度检验

在检验调查数据的可信度后，还需要检查调查问卷数据的有效程度。如果有效程度较低，说明调查问卷数据不能真实地反映各项变量之间的相互关系，会增加计算误差，会起误导作用。效度检验一般是指各题项内容效度、准则效度和问卷的结构效度。其中，内容效度是指调查测试的类型和覆盖内容是否考虑充分，能否满足检测的目的和需求；准则效度则指由问卷得到的数据是否能反映变量的变化关系，是否具有真实的意义；问卷的结构效度通常采用因子分析法来分析测量数据与变量之间的对应结构关系。Kaiser（1970）认为，只有取样的适当性数值（KMO）大于 0.5，且巴特利特球体检验 P 值小于 0.01 时，才可以进行因子分析。

根据正式研究调查问卷的数据计算出社交网络平台特性、消费者购买意向、消费者购买意向和信任产生方式的 KMO 样本测度统计值和巴特利特球体检验 P 值，结果如表 6-2 所示。从表 6-2 可知，各变量的 KMO 样本测度统计值都大于 0.7，且巴特利特球体检验 P 值小于 0.01，表明调查问卷数据的有效程度较好，具备因子分析的可行性。

接下来，本研究对普适性正式研究问卷进行因子分析，结果如表 6-3 所示。表 6-3 为正式研究问卷因子分析结果，从中可以看出，八个因子的累积方差达到了 72.77%，与调查问卷设计的结构符合度较高。

表 6-2　正式研究问卷 KMO 与巴特利特球形检验结果

变　量	KMO 样本测度统计值	KMO 样本测度统计值	巴特利特球体检验 P 值
社交网络平台特性	0.841		0.000
消费者购买意向	0.825		0.000
信任主体	0.737	$\geqslant 0.70$	0.000
信任产生方式	0.852		0.000

表 6-3　正式研究问卷因子分析结果

成分	初始特征值			提取平方和载入			旋转平方和载入		
	合计	方差的百分比	累积百分比	合计	方差的百分比	累积百分比	合计	方差的百分比	累积百分比
1	10.631	34.293	34.293	10.631	34.293	34.293	5.380	17.355	17.355
2	3.550	11.450	45.744	3.550	11.450	45.744	2.973	9.592	26.947
3	2.101	6.778	52.522	2.101	6.778	52.522	2.924	9.431	36.378
4	1.510	4.871	57.393	1.510	4.871	57.393	2.583	8.332	44.710
5	1.478	4.766	62.161	1.478	4.768	62.161	2.560	8.257	52.966
6	1.220	3.936	66.097	1.220	3.936	66.097	2.463	7.945	60.911
7	1.061	3.421	69.518	1.061	3.421	69.518	2.352	7.586	68.498
8	1.007	3.249	72.767	1.007	3.249	72.767	1.324	4.270	72.767

　　表 6-4 是在删除信度较低的测量项后，各种测量项的因子载荷系数。从中可以看到，不同的问卷结果会使得各种测量项的因子载荷系数不同，所需要删除的测量项也不同。从因子载荷系数的具体数据可以看出，同一个因子所包含变量的载荷系数都大于参考值 0.5，不存在交叉负荷量过高的题目，比较容易地判断出题项所属的具体因子。这说明设计的问卷具有很高的建构效度。

表 6-4　正式研究问卷因子载荷系数（旋转后）

测量题项	成　分							
	1	2	3	4	5	6	7	8
体验性 1	.042	.226	.027	.004	−.018	−.118	.575	.546
体验性 2	.039	.200	−.031	.069	−.073	.030	.739	.274
体验性 3	.123	.140	.077	.079	.143	.090	.750	−.161

续表

测量题项	成 分							
	1	2	3	4	5	6	7	8
体验性 4	.243	.289	.136	.076	.175	.076	.676	−.050
价值性 1	.091	.799	.218	.082	.011	−.038	.163	.129
价值性 2	.074	.788	.268	.087	.175	.098	.197	.057
价值性 3	.253	.743	.186	.114	.047	.052	.236	.058
价值性 4	.327	.657	.171	.082	.237	.143	.264	−.062
技术性 1	.083	.241	.846	−.036	−.024	−.061	−.050	−.039
技术性 2	.166	.221	.818	.066	.043	−.062	−.020	−.123
技术性 3	.041	.078	.733	−.031	.114	.036	.086	.193
技术性 4	.128	.115	.795	.099	−.010	−.074	.145	.011
购买意向 1	.769	.157	.074	.233	.126	.072	.059	−.014
购买意向 2	.783	.190	.049	.197	.222	.081	.017	.041
购买意向 3	.799	.103	.146	.203	.227	.042	.052	−.004
购买意向 4	.776	.119	.166	.094	.151	.149	.201	.002
购买意向 5	.781	.051	.095	.134	.184	.196	.232	−.080
信任信念 1	.302	.099	.044	.195	.792	.123	.096	.180
信任信念 2	.332	.091	.069	.216	.740	−.036	.051	.004
信任信念 3	.330	.161	.007	.094	.793	.151	.073	−.067
信任意愿 1	.299	.226	−.051	.141	.095	.637	−.104	.261
信任意愿 2	.305	.159	−.080	.191	.087	.739	−.014	.014
信任意愿 3	.070	−.154	−.101	.168	.016	.799	.142	−.151
以过程为基础的信任 1	.266	.210	−.108	.727	−.021	.182	.051	.024
以过程为基础的信任 2	.273	.216	.047	.747	.244	−.013	−.040	.093
以过程为基础的信任 3	.198	−.047	.122	.731	.178	.205	.173	.212
以过程为基础的信任 4	.175	−.016	.078	.669	.212	.278	.111	−.247
以制度为基础的信任 1	.618	.198	.034	.185	.168	.360	−.046	.349
以制度为基础的信任 2	.556	.111	.077	.231	.309	.283	.069	.456
以制度为基础的信任 3	.576	−.003	.098	.122	.336	.379	170	.353
以制度为基础的信任 4	.526	.184	.124	.080	.180	.418	.019	.366

注：提取方法：主成分分析法；旋转法：具有 Kaiser 标准化的正交旋转法；α 旋转在 10 次迭代后收敛。

综合信度检验和效度检验的计算结果，在删除正式研究问卷信度较低的测量项后，调查数据的测量项和数据都具有很好的可信性和有效性，可以进行后续的计算分析。

6.2　相关变量因子分析

影响因变量的因素很多，单一的因子分析方法不能充分考虑变量对测试结果的影响，为此，20 世纪 30 年代，Thurstone 提出了多元因子分析方法，他在《心智向量》（Vectors of Mind, 1935）一书中，阐述了多元因子分析理论的数学和逻辑基础。其中，探索性因子分析方法是一种用来找出多元观测变量的本质结构并对数据进行降维处理的技术。通过探索性因子分析可以找出多项变量与观测项之间的结构关系。

6.2.1　社交网络平台特性的探索性因子分析

对社交网络平台特性进行探索性因子分析，并计算正式研究问卷结果，如表 6-5 所示。

表 6-5　正式研究问卷对组织结构特性变量的探索性因子分析

变　量	Cronbach's α	因子 1	因子 2	因子 3	共同度
价值性 1		.769	.214	.202	.677
价值性 2	0.867	.847	.230	.184	.803
价值性 3		.810	.178	.245	.748
价值性 4		.772	.172	.262	.694
技术性 1		.197	.872	-.029	.801
技术性 2	0.844	.244	.839	-.020	.765
技术性 3		.153	.697	.093	.518
技术性 4		.114	.818	.179	.714
体验性 1		.155	.050	.717	.541
体验性 2	0.755	.134	-.013	.809	.674
体验性 3		.190	.074	.706	.539
体验性 4		.375	.133	.663	.598

注：KMO 值为 0.841；Bartlett's 球体检验的 χ^2 统计值的显著性概率为 0.000，说明适合进行因子分析；因子负载平方和累计占总体方差的比例为 67.262%。

从表 6-5 可知，社交网络平台特性呈现出比较明显的三个因子变量，分别是价值性、技术性和体验性，其中因子 1 体现的是社交网络平台的正规化程度，即价值性因子；因子 2 体现的是社交网络平台的专业化程度，即技术性因子；因子 3 体现的是社交网络平台的体验结果程度，即体验性因子。

其调研结果与探索性研究问卷结果有少许差别：探索性研究问卷结果中的因子负载平方和累计占总体方差的比例为 74.83%；正式研究问卷结果中的因子负载平方和累计占总体方差的比例为 67.262%。

6.2.2　信任的因子分析

1. 信任主体的因子分析

正式研究问卷中信任主体的因子分析结果如表 6-6 所示。

表 6-6　对信任主体变量的探索性因子分析

变量	Cronbach's α	因子 1	因子 2	共同度
信任信念 1		.876	.164	.795
信任信念 2	0.859	.866	.060	.753
信任信念 3		.867	.194	.789
信任意愿 1		.253	.745	.619
信任意愿 2	0.741	.220	.845	.763
信任意愿 3		-.042	.822	.678

注：KMO 值为 0.737；Bartlett's 球体检验的 χ^2 统计值的显著性概率为 0.000，说明适合进行因子分析；因子负载平方和累计占总体方差的比例为 73.270%。

从表 6-6 可以看出，信任主体变量呈现出两个因子变量的特征，其中因子 1 体现的是消费者信任信念的情况，即信任信念因子；因子 2 体现的是信任意愿的情况，即信任意愿因子。这与探索性研究问卷结果并不冲突。

2. 信任产生方式的因子分析

正式研究问卷中信任产生方式的因子分析结果如表 6-7 所示。

表 6-7　正式研究问卷中对信任产生方式变量的探索性因子分析

变量	Cronbach's α	因子 1	因子 2	共同度
以制度为基础的信任 1		.848	.254	.784
以制度为基础的信任 2	0.894	.828	.302	.776
以制度为基础的信任 3		.828	.237	.742
以制度为基础的信任 4		.861	.148	.763
以过程为基础的信任 1		.197	.774	.638
以过程为基础的信任 2	0.810	.252	.767	.651
以过程为基础的信任 3		.322	.753	.671
以过程为基础的信任 4		.119	.772	.610

注：KMO 值为 0.852；Bartlett's 球体检验的 χ^2 统计值的显著性概率为 0.000，说明适合进行因子分析；因子负载平方和累计占总体方差的比例为 70.428%。

从表 6-7 可以看出，信任产生方式变量呈现出两个因子变量的特征，其中因子 1 体现的是以制度为基础的信任情况，即以制度为基础的信任因子；因子 2 体现的是以过程为基础的信任情况，即以过程为基础的信任因子。从表 6-7 还可看出，正式研究问卷中信任产生方式变量呈现出两个因子变量的特征，与探索性研究问卷中的结果相同。

6.2.3　消费者购买意向的因子分析

正式研究问卷中消费者购买意向的因子分析结果如表 6-8 所示。

表 6-8　正式研究问卷中对消费者购买意向变量的探索性因子分析

变量	Cronbach's α	因子 1	共同度
购买意向 1		.836	.699
购买意向 2		.862	.744
购买意向 3	0.909	.880	.774
购买意向 4		.861	.741
购买意向 5		.861	.742

注：KMO 值为 0.825；Bartlett's 球体检验的 χ^2 统计值的显著性概率为 0.000，表明适合做因子分析；因子负载平方和累计占总体方差的比例为 73.923%。

从表 6-8 可以看出，从描述消费者购买意向的变量中能提取出一个公因子，这些变量主要描述了信任带来的消费者购买意向的变化。因此，将其命名为消费者购买意向。

在探索性研究问卷结果的基础上，笔者对正式研究问卷结果进行了探索性因子分析，从结果可以发现，社交网络平台特性包含技术性、价值性和体验性三个因子；信任中的信任主体包含信任信念和信任意愿两个因子；信任产生的方式包含以制度为基础的信任和以过程为基础的信任两个因子；消费者购买意向的变量项可以归纳为一个购买意向因子。综上所述，通过探索性因子分析可将变量项分为技术性、价值性、体验性、信任信念、信任意愿、以制度为基础的信任、以过程为基础的信任和购买意向等八个因子，且可用于后续的计算分析。

6.3 相关检验

要保证线性回归分析的准确性、可靠性，必须进行相关检验，即确保没有异方差、多重共线性、序列等相关问题。

6.3.1 多重共线性检验

假如多项变量之间互相影响，则会导致研究结果的不稳定。多重共线性可以通过计算各项变量的方差膨胀因子（VIF）来进行判断，如果方差膨胀因子小于10，说明解释变量之间不存在多重共线性。

把社交网络平台注册粉丝数、平台类型和平台活跃度作为控制变量，体验性、价值性和技术性作为调节变量，信任信念、信任意愿、以制度为基础的信任和以过程为基础的信任作为解释变量，正式研究问卷的计算结果如表 6-9 所示。从表 6-9 可以看出，所有变量的 *VIF* 值均在 0~10 之间，说明解释变量之间不存在多重共线性，再次证明实验设计合理。

表 6-9　解释变量的方差膨胀因子

变量名称		方差膨胀因子（*VIF*）
控制变量	平台注册粉丝数	$2.014 \leqslant VIF \leqslant 2.915$
	平台类型	$1.179 \leqslant VIF \leqslant 2.115$
	平台活跃度	$2.865 \leqslant VIF \leqslant 5.231$
调节变量	体验性	1.965
	价值性	1.421
	技术性	1.358
解释变量	信任信念	3.589
	信任意愿	1.856

续表

变量名称		方差膨胀因子（VIF）
解释变量	以制度为基础的信任	3.099
	以过程为基础的信任	2.502

6.3.2　异方差检验

常用的异方差检验方式有以下三种：White 检验、Glejser 检验和自回归条件异方差（ARCH）检验。这三种检验的理论说明见 5.3.2 节。

这里对异方差检验使用的残差项散点图分析法做初步判断。从图 6-1 中能够看出残差散点的分布不具备规律性，比较分散，这说明根据回归模型计算得到的方差是相同的，解释变量之间不存在异方差问题。

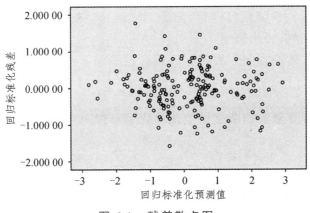

图 6-1　残差散点图

6.3.3　序列相关检验

序列相关检验，即随机项 e 自相关的 DW 检验，该检验是对随机残差项是否存在前后自身相关问题的检验。

序列相关是指数据在时间尺度上可能存在相关影响，从而导致不同时间点的残差值具有一定的相互关联关系。对正式研究数据进行问卷调查是在 2018 年 7 月到 2018 年 9 月，时间上连续性较好，且时间跨度小，在较大的时间尺度上可以认为这是一个时间点。通过序列相关检验计算得到的 DW 值为 1.817，不存在序列相关问题。

综上所述，研究模型中没有多重共线性问题、异方差问题和序列相关问题，通过检验可以开展多元统计回归分析。

6.4 多元回归分析

6.4.1 多元回归模型的构建

依据因子分析的结果，在进行信任与消费者购买意向的回归分析时，以消费者购买意向作为因变量。至于自变量，首先是平台类型、平台活跃度、平台粉丝数等控制变量，然后是与消费者购买意向存在相关关系的解释变量（信任意愿、信任信念、以过程为基础的信任、以制度为基础的信任），再就是权变量社交网络平台特性（技术性、价值性、体验性）和交互项（体验性*以过程为基础的信任、体验性*信任意愿、技术性*信任信念、价值性*信任意愿、技术性*信任意愿、体验性*以制度为基础的信任、价值性*以过程为基础的信任、价值性*信任信念、技术性*以过程为基础的信任、价值性*以制度为基础的信任、技术性*以制度为基础的信任，体验性*信任信念）。

有调节效应的回归方程的一般概念模型如下：

$$Y - aX + bM + cXM + e \qquad (6\text{-}1)$$

对于有多个自变量和调节变量情况的模型可以写为

$$Y = \sum_{i=1}^{n} a_i X_i + \sum_{j=1}^{m} b_j M_j + \sum_{i=1}^{n} \sum_{j=1}^{m} c_{ij} X_i M_j + \mu \qquad (6\text{-}2)$$

式中 Y 是消费者购买意向；X 是解释变量（以过程为基础的信任、以制度为基础的信任、信任信念、信任意愿）和控制变量；M 是权变量社交网络平台特性（技术性、价值性、体验性）；$X*M$ 是交互项（体验性*信任信念、体验性*信任意愿、价值性*以过程为基础的信任、价值性*以制度为基础的信任、技术性*以过程为基础的信任、技术性*以制度为基础的信任）；i 是自变量的个数；j 是调节变量的个数。建模时需要做层次回归分析，以检验偏回归系数 c 的显著性（t 检验），或者检验测定系数的变化（F 检验）。

6.4.2 相关分析

构建好模型以后，就可提取正式调研问卷中各公因子值的最小值、最大值以及相关性分析结果，如表 6-10 所示。

表 6-10　正式研究问卷中各因子间的相关系数

变量	价值性	技术性	体验性	购买意向	信任信念	信任意愿	以制度为基础的信任	以过程为基础的信任
价值性	1							
技术性	.000	1						
体验性	.000	.000	1					
购买意向	.387**	.184*	.208**	1				
信任信念	.321**	.115	.162*	.566**	1			
信任意愿	.172*	−.141	.048	.345**	.000	1		
以制度为基础的信任	.227**	.022	.114	.647**	.317**	.279**	1	
以过程为基础的信任	.321**	.100	.194**	.662**	.455**	.417**	.000	1

注：样本容量 n=698；经过双侧检验，显著性水平*：$P<0.05$；**：$P<0.01$。

通过表 6-10 可以看出，在信任和消费者购买意向的关系中，信任信念、信任意愿、以制度为基础的信任、以过程为基础的信任都与消费者购买意向呈现出正相关关系，这符合前期假设。在社交网络平台特性和消费者购买意向的关系中，价值性、技术性也都与消费者购买意向有着显著的正相关关系。在社交网络平台特性和信任的关系中，价值性与信任信念、以制度为基础的信任有着显著的正相关关系；技术性与信任信念、以制度为基础的信任、以过程为基础的信任也呈显著正相关；在信任的信任主体和信任产生方式的关系中，信任信念与以制度为基础的信任、以过程为基础的信任呈显著正相关；信任意愿与以制度为基础的信任、以过程为基础的信任呈现出一定的正相关性，但相关程度较低。

与探索性研究相比，即使在正式研究中扩大了调查样本的数量，包含大量的社会人群，实验结果也表明在信任和消费者购买意向的关系中，信任信念、信任意愿、以制度为基础的信任、以过程为基础的信任也都与消费者购买意向呈现出显著的正相关关系，此结论与前期的假设相符。

6.4.3　假设检验及结果

通过相关分析的结果能够看出，一些研究变量之间存在一定的相关关系，但是相关分析仅考虑了两个变量之间单独的相关性，而没有考虑多个自变量同时对因变量的影响，这不能说明其中的因果关系。因此，还需要开展多元统计回归分析以分析多个变量同时影响的情况。根据前期的研究结果，建立四个模型，以分析控制变量、解释变量、权变量和交互项等因素对因变量的影响。具体如下：

第一步：先计算平台粉丝数、平台类型、平台活跃度对因变量的影响，即构建模型 1。

第二步：在模型 1 的基础上，考虑信任信念、信任意愿、以过程为基础的信任、以制度为基础的信任带来的影响，建立模型 2。

第三步：在模型 2 的基础上，将社交网络平台特性（体验性、技术性、价值性）纳入回归方程形成模型 3。

第四步：在模型 3 的基础上分析体验性*信任信念、体验性*信任意愿、价值性*以过程为基础的信任、价值性*以制度为基础的信任、技术性*以过程为基础的信任、技术性*以制度为基础的信任等交互项的影响。

表 6-11 为正式研究问卷中四个模型的回归参数。从表 6-11 可以看出，即使是扩大统计样本数量，随着模型的逐步计算，各种变量逐步加入考虑，回归平方和依然逐渐变大，残差平方和依然逐渐变小，复相关系数 R 值从 0.209 增加到 0.813，拟合优度 R^2 值从 0.043 增加到 0.662，调整后的拟合优度 R^2 值从 0.023 增加到 0.616，这表明在正式研究问卷中模型的拟合程度越来越好，即解释效果随之增强。

表 6-11　正式研究问卷中多元线性回归模型的总体参数

模型	R	R^2	调整 R^2	标准估计的误差	更改统计量				
					R^2 更改	F 更改	df1	df2	Sig.F 更改
1	.209[a]	.043	.023	.988 359 40	.043	2.137	4	.209[a]	.043
2	.790[b]	.624	.608	.626 270 01	.581	71.059	4	.790[b]	.624
3	.800[c]	.639	.618	.618 431 05	.015	2.565	3	.800[c]	.639
4	.813[d]	.662	.616	.619 912 19	.022	.928	12	.813[d]	.662

① 预测变量：（常量），平台粉丝数，平台类型，平台活跃度。

② 预测变量：（常量），平台粉丝数，平台类型，平台活跃度，信任意愿，信任信念，以过程为基础的信任，以制度为基础的信任。

③ 预测变量：（常量），平台粉丝数，平台类型，平台活跃度，信任意愿，信任信念，以过程为基础的信任，以制度为基础的信任，体验性，价值性，技术性。

④ 预测变量：（常量），平台粉丝数，平台类型，平台活跃度，信任意愿，信任信念，以过程为基础的信任，以制度为基础的信任，体验性，价值性，技术性，体验与过程，体验与制度，技术性与信任信念，价值性与过程，体验与信任意愿，价值性与制度，技术性与信任意愿，技术性与过程，技术性与制度，体验与信任信念，价值性与信任意愿，价值性与信任信念。

⑤ 因变量：购买意向。

从表 6-12 可以看出，根据正式研究问卷调查结果可知，随着模型 1 到模型 4 的逐步扩展，残差平方和从 183.649 大幅度降低到 64.945，表明模型的解释效果越来越好。此外，模型 2 的自变量（控制变量和信任）与因变量（消费者购买意向）之间依然有显著的线性相关关系。模型 3 的自变量（控制变量、信任和社交网络平台特性）与因变量（消费者购买意向）之间有显著的线性相关关系。模型 4 的自变量（控制变量、信任、平台特性）与因变量（消费者购买意向）之间有显著的线性相关关系。

表 6-12　正式研究问卷中多元线性回归模型的方差分析结果

模型		平方和	df	均方	F	Sig.
1	回 归	8.351	4	2.088	2.137	.078b
	残 差	183.649	188	.977		
	总 计	697.000	697			
2	回 归	119.833	8	14.979	38.191	.000c
	残 差	72.167	184	.392		
	总 计	697.000	697			
3	回 归	122.775	11	11.161	29.183	.000d
	残 差	69.225	181	.382		
	总 计	697.000	697			
4	回 归	127.055	23	5.524	14.375	.000e
	残 差	64.945	169	.384		
	总 计	697.000	697			

① 预测变量：（常量），平台粉丝数，平台类型，平台活跃度。
② 预测变量：（常量），平台粉丝数，平台类型，平台活跃度，信任意愿，信任信念，以过程为基础的信任，以制度为基础的信任。
③ 预测变量：（常量），平台粉丝数，平台类型，平台活跃度，信任意愿，信任信念，以过程为基础的信任，以制度为基础的信任，体验性，价值性，技术性。
④ 预测变量：（常量），平台粉丝数，平台类型，平台活跃度，信任意愿，信任信念，以过程为基础的信任，以制度为基础的信任，体验性，价值性，技术性，体验与过程，体验与制度，技术性与信任信念，价值性与过程，体验与信任意愿，价值性与制度，技术性与信任意愿，技术性与过程，技术性与制度，体验与信任信念，价值性与信任意愿，价值性与信任信念。
⑤ 因变量：购买意向。

表 6-13 是普适性正式研究问卷调查结果中各模型的回归系数及其显著性模型。

表 6-13 正式研究问卷调查中各模型的回归系数及显著性

变　量	模型 1	模型 2	模型 3	模型 4
常数项	-.443	-.183	-.228	-.227
控制变量				
非常活跃	.547	-.018	-.036	.019
比较活跃	.612	.212	.299	.323
一般	.101	.089	.102	.188
不太活跃	.198	-.135	.125	.109
很不活跃	.199	.021	.021	.144
100 万人及以下	.302	.114	.203	.301
101 万~1 000 万人	.498	.358	.315	.288
1 001 万~10 000 万人	.412	.301	.199	.255
10 000 万人以上	.509	.298	.202	.302
工作类	-.321	-.115	-.189	-.112
婚恋类	-.198	-.210	-.185	-.159
兴趣类	-.215	-.065	-.049	-.169
聊天类	-.398	-.199	-.088	-.118
其他	-.201	-.102	-0.014	-.088
解释变量				
信任信念		.337**	.328**	.345**
信任意愿		.048	.077	.107*
以制度为基础的信任		.385**	.353**	.344**
以过程为基础的信任		.224**	.278**	.227**
调节变量				
价值性			.071	.067
技术性			.114*	.140*
体验性			-.044	-.048
交互项				
体验性*信任信念				.165*
体验性*信任意愿				.036

续表

变　量	模型 1	模型 2	模型 3	模型 4
价值性*以制度为基础的信任				−.207**
价值性*以过程为基础的信任				−.179**
技术性*以制度为基础的信任				.204*
技术性*以过程为基础的信任				.179**
模型统计量				
R^2	.043	.624	.639	.662
调整后的 R^2	.023	.608	.618	.616
F	2.565	81.110**	89.148**	92.512**

注：样本容量 $n=698$；经过双侧检验，显著性水平*：$P<0.05$；**：$P<0.01$。

　　根据表 6-13 中的模型可以看出，在正式研究问卷调查结果中，平台注册会员数、平台类型、平台活跃度的非标准化回归系数在显著性水平 0.01 情况下没有统计意义上的显著性，即平台注册会员数、平台类型、平台活跃度对消费者购买意向都无显著性的影响作用。信任信念、以过程为基础的信任、以制度为基础的信任这三项的非标准化回归系数在显著性水平 0.01 的情况下具有统计意义上的显著性，即这三项变量能显著地促进消费者的购买意向。

　　体验性和信任信念的交互项的非标准化回归系数为 0.056，在显著性水平 0.05 的情况下具有统计意义上的显著性，说明体验性可以对信任信念和消费者购买意向之间的关系起到正向调节作用。

　　体验性和信任意愿的交互项的非标准化回归系数不具有统计意义上的显著性，表明体验性对信任意愿和消费者购买意向之间的关系不起调节作用。技术性和以过程为基础的信任的交互项的非标准化回归系数为 0.239，在显著性水平为 0.05 的情况下具有统计意义上的显著性，说明技术性对以过程为基础的信任和消费者购买意向之间的关系可以起到正向调节作用。

技术性和以制度为基础的信任的交互项的非标准化回归系数为0.087，在显著性水平为0.05的情况下具有在统计意义上的显著性，说明技术性对以制度为基础的信任和消费者购买意向之间的关系可以起到正向调节作用。

价值性和以过程为基础的信任的交互项的非标准化回归系数为-0.057，在显著性水平为0.01的情况下具有统计意义上的显著性，说明价值性对以过程为基础的信任和消费者购买意向之间的关系可以起到负向调节作用。价值性和以制度为基础的信任的交互项的非标准化回归系数为-0.07，且在显著性水平0.01的情况下具有统计意义上的显著性，说明价值性对以制度为基础的信任和消费者购买意向之间的关系起到了负向调节作用。

与探索性研究相比，在正式研究问卷调查结果中，笔者扩大了调查对象后，依然发现平台注册会员数、平台类型、平台活跃度对消费者购买意向都无显著性影响作用，而其他结论依然与探索性研究调查结果相同，这表明本研究的结果具有一般适用性。

综上所述，社交网络平台体验性程度可以正向调节信任信念和消费者购买意向之间的关系；社交网络平台价值性程度对信任信念与购买意向之间的关系起负向调节作用，对以过程为基础的信任和消费者购买意向之间的关系起着负向调节作用；社交网络平台技术性程度对以制度为基础的信任和消费者购买意向之间的关系起着正向调节作用；社交网络平台技术性程度对以过程为基础的信任和消费者购买意向之间的关系起着正向调节作用。

6.5　结构方程模型分析

结构方程模型（Structural Equation Modeling，简称 SEM）是一种通过研究显在变量和潜在变量，建立、估计、检验因果关系模型的验证性方法，也称为潜在变量模型（Latent Variable Models，简称 LVM）。它是在 20 世纪 60 年代提出来的一种统计分析法，到了 80 年代逐渐成熟，在应用统计学上使用较多，是多元数据分析的重要工具。结构方程模型可以替代多重回归、通径分析、因子分析、协方差分析等方法，对某项指标与其他单项指标间的相互关系，以及对总体的影响作用给予分析并得出结果。结构方程模型结合了集成因素分析和路径分析这两种传统的统计方法，通过检验模型中的潜在变量（Latent Variables）、外显变量（Manifest Variables）及误差变量（Error Variable）之间的关系，并对变量间的路径关系进行研究进而评估结构模式的配适性。

结构方程模型主要研究两个内容：一个是通过研究外显变量和潜在变量之间的关系，从而得出测量模型；另一个是通过研究潜在变量之间的关系，从而得出潜在结构模型。

在构建测量模型时，假设 X 是外源观测变量指标，Y 是内源观测变量指标，η 是内源潜变量，ξ 是经过标准化处理之后的外源潜变量，δ 是 X 的测量误差，ε 是 Y 的测量误差，λ_X 是 X 与外源潜变量 ζ 之间的关系，λ_Y 是 Y 与内源潜变量 η 之间的关系。因此，测量模型的方程式为：

$$X = \lambda_X \xi + \delta \tag{6-3}$$

$$Y = \lambda_Y \eta + \varepsilon \tag{6-4}$$

在构建潜在结构模型时，假设 β 是内源潜变量之间相互影响的路径系数，γ 是外源潜变量对内源潜变量影响的路径系数。因此，潜在结构模型的方程式为：

$$\eta = \gamma \xi + \beta \eta + \zeta \tag{6-5}$$

下面举一个例子。假设有 M 个观测变量，对每个观测变量有 N 个观测值，可以将数据转换成 $N*M$ 的矩阵，通过结构变量之间的关系可以得到如下结构方程组：

$$
\begin{pmatrix} \eta_1 \\ \eta_2 \\ \eta_3 \\ \eta_4 \\ \eta_5 \end{pmatrix} =
\begin{pmatrix} 0 & 0 & 0 & 0 & 0 \\ \beta_{21} & 0 & 0 & 0 & 0 \\ \beta_{31} & \beta_{32} & 0 & 0 & 0 \\ \beta_{41} & \beta_{42} & \beta_{43} & 0 & 0 \\ 0 & 0 & 0 & \beta_{54} & 0 \end{pmatrix}
\begin{pmatrix} \eta_1 \\ \eta_2 \\ \eta_3 \\ \eta_4 \\ \eta_5 \end{pmatrix} +
\begin{pmatrix} \gamma_1 \\ \gamma_2 \\ \gamma_3 \\ \gamma_4 \\ 0 \end{pmatrix} \xi_t +
\begin{pmatrix} \varepsilon_{\eta_1} \\ \varepsilon_{\eta_2} \\ \varepsilon_{\eta_3} \\ \varepsilon_{\eta_4} \\ \varepsilon_{\eta_5} \end{pmatrix} \tag{6-6}
$$

结构变量与观测变量之间的关系也可以用方程表示出来。设结构方程模型有 k 个结构自变量和 m 个结构因变量，与结构变量中的自变量 ξ_t 对应的观测变量为：

$$x_{tj}, t = 1, \cdots, k, j = 1, \cdots, K(t)$$

这里 $K(t)$ 是与第 t 个结构自变量相联系的观测变量个数。假设观测变量 $k=1$，而 $K(1)=5$，则与结构变量中的因变量 η_i 对应的观测变量为：

$$y_{ij}, i = 1, \cdots, m, j = 1, \cdots, L(i)$$

这里 $L(i)$ 为与第 i 个结构因变量相联系的观测变量个数。假设 $m=5$，而 $L(i)=4,3,5,4,3$，则从观测变量到结构变量的观测方程可以表达为：

$$\xi_t = \sum_{j=1}^{K(t)} \psi_{tj} x_{tj} + \varepsilon_{xt}, \quad t = 1, \cdots, k \qquad (6\text{-}7)$$

$$\eta_i = \sum_{j=1}^{L(i)} \omega_{ij} y_{ij} + \varepsilon_{yi}, \quad i = 1, \cdots, m \qquad (6\text{-}8)$$

其中 ψ_{tj}, ω_{ij} 是从观测变量到结构变量的汇总系数，$\varepsilon_{xt}, \varepsilon_{yi}$ 是随机误差项。

根据路径分析的思想，我们也可以认为观测变量的变化是来源于它所对应的结构变量，于是从结构变量到观测变量的观测方程组还可以表达为：

$$\begin{pmatrix} x_{t1} \\ \vdots \\ x_{tK(t)} \end{pmatrix} = \begin{pmatrix} v_{t1} \\ \vdots \\ v_{tK(t)} \end{pmatrix} \xi_t + \begin{pmatrix} \varepsilon_{xt1} \\ \vdots \\ \varepsilon_{xtK(t)} \end{pmatrix}, \quad t = 1, \cdots, k \qquad (6\text{-}9)$$

$$\begin{pmatrix} y_{i1} \\ \vdots \\ y_{iL(i)} \end{pmatrix} = \begin{pmatrix} \lambda_{i1} \\ \vdots \\ \lambda_{iL(i)} \end{pmatrix} \eta_i + \begin{pmatrix} \varepsilon_{yi1} \\ \vdots \\ \varepsilon_{yiL(i)} \end{pmatrix}, \quad i = 1, \cdots, m \qquad (6\text{-}10)$$

其中 v_{tj}, λ_{ij} 是从结构变量到观测变量的载荷系数，带下标的 ε 还是误差项。我们可以把方程组（6-6），（6-7），（6-8）称为带有正向观测的结构方程模型，而把方程组（6-6），（6-9），（6-10）称为带有逆向观测的结构方程模型。

在一般情形下，结构自变量不一定只有 1 个，结构因变量也不一定是 5 个，结构方程系数形式除了要求对角线是 0 外也可以不同于式（6-6）。

下面采用向量与矩阵记法来描述结构方程模型。

记 $\boldsymbol{\xi}' = (\xi_1', \cdots, \xi_k')$, $\boldsymbol{\eta}' = (\eta_1', \cdots, \eta_m')$，设 $\boldsymbol{\eta}$ 的系数矩阵为 m 阶方阵，记为 $\boldsymbol{B}$，$\boldsymbol{\xi}$ 的系数矩阵为 $m \times n$ 阶矩阵，记为 $\boldsymbol{\Gamma}$，残差向量为 $\boldsymbol{\varepsilon}_\eta' = (\varepsilon_1', \cdots, \varepsilon_m')$，则结构方程组（6-6）可以一般表示为

$$\boldsymbol{\eta} = \boldsymbol{B}\boldsymbol{\eta} + \boldsymbol{\Gamma}\boldsymbol{\xi} + \boldsymbol{\varepsilon}_\eta \qquad (6\text{-}11)$$

记观测向量 $\boldsymbol{x}_t' = (x_{t1}', \cdots, x_{tK(t)}')$, $\boldsymbol{y}_i' = (y_{i1}', \cdots, y_{iL(i)}')$，再记系数 $\boldsymbol{\psi}_t' = (\psi_{t1}', \cdots, \psi_{tK(t)}')$, $\boldsymbol{\omega}_i' = (\omega_{i1}', \cdots, \omega_{iL(i)}')$，则方程组（6-11），（6-7），（6-8）合并为：

$$SEM^+ \begin{cases} \boldsymbol{\eta} = \boldsymbol{B}\boldsymbol{\eta} + \boldsymbol{\Gamma}\boldsymbol{\xi} + \boldsymbol{\varepsilon}_\eta \\ \boldsymbol{\xi}_t = \boldsymbol{\psi}_t'\boldsymbol{x}_t + \boldsymbol{\varepsilon}_{xt}, \ t = 1, \cdots, k \\ \boldsymbol{\eta}_i = \boldsymbol{\omega}_i'\boldsymbol{y}_i + \boldsymbol{\varepsilon}_{yi}, \ i = 1, \cdots, m \end{cases} \qquad (6\text{-}12)$$

则称 SEM^+ 为带有正向观测的结构方程模型。

记 $\boldsymbol{v}_t' = (v_{t1}', \cdots, v_{tK(t)}')$, $\boldsymbol{\lambda}_i' = (\lambda_{i1}', \cdots, \lambda_{iL(i)}')$，则观测方程组（6-9）可以表示为：

$$\boldsymbol{x}_t = \boldsymbol{v}_t\boldsymbol{\xi}_t + \boldsymbol{\varepsilon}_{xt}, \ t = 1, \cdots, k \qquad (6\text{-}13)$$

方程组（6-10）可以表示为：

$$\boldsymbol{y}_i = \boldsymbol{\lambda}_i\boldsymbol{\eta}_i + \boldsymbol{\varepsilon}_{yi}, \ i = 1, \cdots, m \qquad (6\text{-}14)$$

方程组（6-11），（6-13），（6-14）合并为：

$$SEM^- \begin{cases} \boldsymbol{\eta} = \boldsymbol{B}\boldsymbol{\eta} + \boldsymbol{\Gamma}\boldsymbol{\xi} + \boldsymbol{\varepsilon}_\eta \\ \boldsymbol{x}_t = \boldsymbol{v}_t\boldsymbol{\xi}_t + \boldsymbol{\varepsilon}_{xt}, \ t = 1, \cdots, k \\ \boldsymbol{y}_i = \boldsymbol{\lambda}_i\boldsymbol{\eta}_i + \boldsymbol{\varepsilon}_{yi}, \ i = 1, \cdots, m \end{cases} \qquad (6\text{-}15)$$

则称 SEM^- 为带有逆向观测的结构方程模型（童乔凌等，2009）。

本研究使用 AMOS 7.0 对结构方程模型的参数进行估计和检验，并运用极大似然估计（Maximum Likelihood Estimate，简称 MLE）对初始概念模型（见图 6-2）的参数进行估计及检验。通过调整自由参数个数、对比卡方值的变化情况，依据各路径参数的显著性对模型进行修正，得出参数及数据拟合度相对较高的模型。

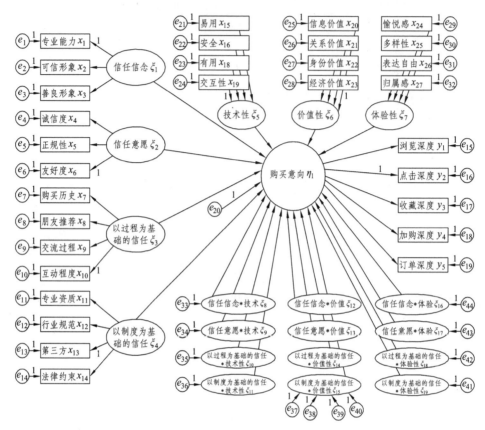

图 6-2　初始概念模型

　　模型拟合度从拟合指数（绝对拟合指数、相对拟合指数、简约拟合指数）、拟合路径系数的显著性两方面进行评价。其中，绝对拟合指数从卡方自由度比、近似误差均方根、拟合优度、均方根误差、赋范拟合指数等方面对模型的拟合优度进行评价；相对拟合指数从增量拟合指数、塔克-刘易斯指数、比较拟合指数等方面对模型的拟合优度进行评价；简约拟合指数从简约拟合优度、简约比较拟合指数、调整拟合优度、简约赋范拟合指数等方面对模型的拟合优度进行评价。若路径系数 > 5%，表明未通过显著性检验，可通过拟合指数进行修正，即通过专业知识和实际情况，扩展或限制初始模型，以使拟合优度变高。陈思敏等（2018）在研究中指出，当模型具有较强现实意义的时候，拟合优度作为参考指标并非越高越好。

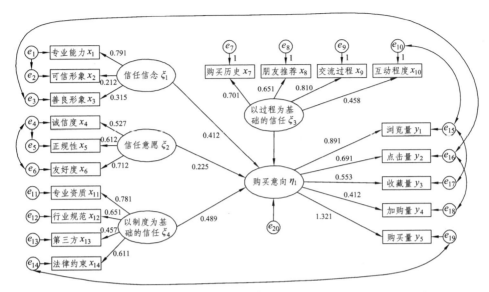

图 6-3　修正后的基本模型

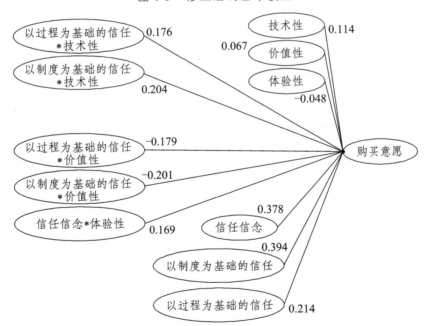

图 6-4　修正后的结构模型

经过修正，形成拟合效果较好的模型（见图 6-3 和图 6-4），通过表 6-14 和表 6-15 可以看出，修正模型与数据集拟合较好，从而证明了初始概念模型（见图 6-2）的合理性及有效性。

表 6-14　模型拟合指数

评价项目	适配指标	参考标准	评价结果
绝对拟合指数	RMSEA	<0.1，越小越好	0.075
	卡方自由度比 χ^2/df	<3	2.145
	拟合优度指数（GFI*）	>0.9	0.984
	均方根误差（RMSE）	<0.08	0.005
相对拟合指数	赋范拟合指数（NFI）	>0.9	0.954
	塔克-刘易斯指数（TLI）	>0.9	0.914
	比较拟合指数（CFI）	>0.9	0.974
	增量拟合指数（IFI）	>0.9	0.952
简约拟合指数	简约赋范拟合指数（PNFI）	>0.5	0.584
	简约比较拟合指数（PCFI）	>0.5	0.596
	调整拟合优度（AGFI）	>0.8	0.912
	简约拟合优度（PGFI）	>0.5	0.541

表 6-15　修正模型标准化路径系数

路径	值	路径	值
$\xi_1 \rightarrow x_1$	0.876	$\xi_5 \rightarrow \eta_1$	0.114
$\xi_1 \rightarrow x_2$	0.866	$\xi_6 \rightarrow \eta_1$	0.067
$\xi_1 \rightarrow x_3$	0.867	$\xi_7 \rightarrow \eta_1$	−0.048
$\xi_3 \rightarrow x_7$	0.774	$\xi_{10} \rightarrow \eta_1$	0.176
$\xi_3 \rightarrow x_8$	0.767	$\xi_{11} \rightarrow \eta_1$	0.204
$\xi_3 \rightarrow x_9$	0.753	$\xi_{14} \rightarrow \eta_1$	−0.179
$\xi_3 \rightarrow x_{10}$	0.772	$\xi_{15} \rightarrow \eta_1$	−0.201
$\xi_4 \rightarrow x_{11}$	0.848	$\xi_{16} \rightarrow \eta_1$	0.169
$\xi_4 \rightarrow x_{12}$	0.828	$\eta_1 \rightarrow y_1$	0.836
$\xi_4 \rightarrow x_{13}$	0.828	$\eta_1 \rightarrow y_2$	0.862
$\xi_4 \rightarrow x_{14}$	0.861	$\eta_1 \rightarrow y_3$	0.880
$\xi_1 \rightarrow \eta_1$	0.378	$\eta_1 \rightarrow y_4$	0.861
$\xi_3 \rightarrow \eta_1$	0.214	$\eta_1 \rightarrow y_5$	0.861
$\xi_4 \rightarrow \eta_1$	0.394		

6.6　假设检验结果讨论

通过对数据所做的多元线性回归分析，对验证结果进行的解释，以及各变量间关系原因的讨论，可以得出重要启示，并归纳出研究结论。

6.6.1　信任的影响作用的讨论

模型 2 中解释变量的信任信念、以过程为基础的信任、以制度为基础的信任，其非标准化回归系数按顺序排列分别是 0.349，0.416，0.222，在显著性水平为 0.01 的情况下，具有了统计上的显著意义。由此可知，信任信念、以过程为基础的信任和以制度为基础的信任，无论哪一种都可以增加消费者的购买意向。这种现象同样符合探索性研究假设 H_1，H_3，H_4 的情形。这就说明，相比传统的交易方式，在社交网络平台的交易当中，要想使消费者对服务提供方高度信任，难度更大，甚至还不如对专业的电子商务网站的信任程度高。因此，不管是传统的交易方式，还是现在的电子商务交易活动，都必须建立在一个双方信任的基础上。然而，电子商务处于一种虚拟环境中，在进行货物与资金两者的互换时，消费者需要透露自己的真实信息，所以，支付平台是否安全这个问题也让消费者产生顾虑。也就是说，诸方面的因素让消费者感知到电子商务交易的风险（Chang et al 2017），而且诸多因素的干预，使得信任双方之间的情况变得更加复杂，不仅是双方的交易，就连交易的平台安全与否都影响着信任程度。在关于网络交易信任的最初的研究中，其他国家的许多学者一般都把研究对象定义为 eBay；他们对信任的定义概括起来主要包含两方面内容：一是交易双方的关系。其重点在于消费者能够相信商家的秉性，并希望获取商家的货品，相信商家不会损害自身的根本利益，相信商家能顺利安排已购商品的投送。二是信任产生的基础。在网络虚拟环境中，虽然在客体出现一些状况时，可能会引发主体对客体的质疑，但这并不会影响主体对客体的信任产生方式。

因此，要想提升消费者的购买意向，就必须运用某些方式来提高消费者对网络购物的信任度。但是，在社交网络平台中，陌生成员之间并不能彼此信任，这也就阻碍了平台的建设。因此，要想使虚拟社区又好又快的发展，就必须保证交易平台的安全，保证陌生成员之间建立起信任机制，从而使交易得到有效的运行和管理。而在这里面，信任管理又成为社交网络平台建设的关键问题；同时，可以通过保证消费者对产品信息的知悉权，来提高其对网络购物的信任度。因此，在社交网络平台中，电子商务企业必须做到对生产产品的细致说明，必须具有第三方的客观评价以及对与自己竞争的相同产品的客观评价。如果这些举措都得到落实，便会提高消费者在虚拟环境中交易的信任度。在 2001 年，Fg B.J. 等人研究过消费者信任度的提高受哪些因素的影响。其研究结果表明，消费者的信任度与网络购物蕴含的真实性、易用性、专业性以及讲信用等都有着密不可分的联系；反之，商业暗示或者专业性不足会降低消费者的信任度。美国斯坦福大学的劝说技术实验室（Persuasive Technology Lab）（2020）经过调查证实，客户之所以能够信任网络平台，最关键的在于平台能否迅速地回复客户的问题、能否反馈全面和有用的信息、能否提供真实的联系方式、能不能做到不泄露消费者的信息，等等。

另外，还可以通过其他方式来增强消费者对社交网络平台购物的信任。比如，在网络平台上建立消费者与商家之间的问答机制，在进行交易时可采取邮件方式加以确认，社区网络平台自身做到常换常新，消费者搜索时商家信息比较靠前，等等。美国斯坦福大学的实验室，对于建立、提高网络平台可信度的做法举出了十例：第一，社交网络平台应保证信息的真实性，并且不怕消费者查证；第二，社交网络平台要具备充分的证据让消费者确信自己现实组织的存在；第三，应保证自身服务的专业程度；第四，应保证自身建设团队的可信度；第五，公开的联系方式必须准确真实，便于联系；第六，版面设计应该新颖专业；第七，应该降低操作难度，做到有所裨益；第八，保持内容的最新性；第九，减少不必要的广告的出现；第十，不能犯那些微小的文字错误。美国网络安全公司 Scna Alret 通过分析表明，消费者从开始浏览网络平台，直到进行购买，这中间的时间在 91 个小时以上，而究竟是什么导致消费者放弃购买呢？就是因为他们对网络平台的不信任。除此以外，还有一点值得关注，那就是社交网络平台的可信度比起价格更能对消费者的购买意向发挥作用。因此，必须加强社交网络平台可信度的建设。

关于社交网络平台可信度的研究，主要包含两方面的内容：社交网络平台的可信度研究和消费者网络信任研究。国外学者 Sluni（2010）指出，要想提高消费者对网店的信任度，可以采取建立网上交流机制的方法，使得消费者能够在社区当中互相沟通，切换不同的角色；而且这种不间断的涉入性以及情景涉入性的混合作用，会在用户可以感知的信任度方面发挥巨大作用。Robins 和 Hlom 具体分析了用户判断网店可信度和社交网络平台美感效果这两者间的联系，发现，对于同一个信息内容，如果运用了不一样的设计，则用户会因为那个更加好看的设计而提高自己的信任度。因此，一个企业要想做好社交网络平台，就必须关注网页设计的美感。

如果不能持续性地与消费者建立信任关系，社交网络平台的生存和长远发展就会受到威胁；由于很多因素都能在一定程度上影响社交网络平台消费者的购买意向，所以，社交网络平台除了能够在考虑内外环境的基础上制订策略外，还要综合使用几种策略，以提高平台的可信度，创造更多的利润。

但是信任意愿的非标准化回归系数并不明显，假设 H_2 并没有得到证实。这种情况的发生，大概是由于样本平台的注册会员数带来的影响。这次研究的样本范围基本上囊括了人们经常接触的社交网络平台，由于用户对这种类型的社交网络平台的熟悉度很高，虚拟交易中的评价系统和实名认证制度都促进了信任的形成，而用户也都有强烈的信任意愿，因此由这种信任带来的消费者购买意向的变化并不大。

6.6.2 社交网络平台特性调节作用的讨论

无论是消费者的社交行为，还是消费者的购物行为，都需要在一个载体上完成，这个载体就是社交网络平台。因此，笔者把社交网络平台特性作为调节变量进行研究。既然消费者行为的载体就是社交网络平台，那么消费者的信任和购买意向一定会受到其结构特性的影响。根据假设检验的模型 4 可得以下结论：

（1）体验性和信任信念的交互项（体验性*信任信念）的非标准化回归系数为 0.186，显著性水平为 0.05，在统计方面具有显著意义，并且表现出体验性正向调节信任信念且与信任信念存在着联系，这和假设 H_{5a} 一致。因此，社交网络平台如果想要建立信任信念，想要更好的协调、完善与用户的关系，想最大限度地发挥、建立信任信念的作用，一定要注重体验性问题，这样才有利于社交网络平台的信息发布者建立美好的形象，呈现良好的信任信念，从而增加消费者对社交网络平台购物的信任度。

（2）体验性和信任意愿的交互项（体验性*信任意愿）的非标准化回

归系数在统计方面并不具有显著意义。这表现出，在信任意愿以及消费者购买意向两者当中，体验性并没有进行调节，这和假设 H_{5a} 不一致。笔者猜想，这可能是因为和信任意愿相比，社交网络平台的体验性给予了信息发布者充分的自由，没有用严格的规范来制约其行为，这就给消费者在社交网络平台购物带来了不确定性。于建红（2007）表示，在环境并不明确或不安全时，一方在满足自身意愿时，会遵循另一方的计划行事；刘建新（2010）表示，信任实际上指的是信息和信息平台的可信度，引导消费者全面的去分析信息，直至产生购买意向。在风险不明确时，消费者只有相信另一方的诚信及善意，才会主动地进行交易，才会愿意选择并相信交易伙伴，而这种状态，就是信任。但是，对风险的感应会降低消费者的总体信任度，会带来反作用。体验性有时会让消费者对信息发布者的规范性产生怀疑，因此，信任意愿并不依赖于社交网络平台的过强的体验性，体验性的调节作用也就不会显著。

（3）技术性和以过程为基础的信任的交互项（技术性*以过程为基础的信任）的非标准化回归系数为 0.155，在显著性水平为 0.05 的情况下，具有统计方面的显著意义，这和假设 H_{6a} 相一致。因此，用户在建立以过程为基础的信任时，通过多次反复交互活动，使彼此间更加熟悉，进而形成信任。在这个过程中，社交网络平台应该具有技术性这一特征，这样才能使用户在建立以过程为基础的信任时也获得技术支持，以保证整个过程的畅通性，从而促进消费者购买意向的提高。

（4）技术性和以制度为基础的信任的交互项（技术性*以制度为基础的信任）的非标准化回归系数为 0.183，在显著性水平为 0.05 的情况下，具有统计方面的显著意义，这和假设 H_{6a} 相一致。因此，用户之间在建立以制度为基础的信任时，社交网络平台应该保持一定的技术性，以提供给客户相应的法律效力、契约、行为规范等，这就有利于提升他们的信任度，从而能够极大的提高消费者的购买意向。

（5）价值性和以过程为基础的信任的交互项（价值性*以过程为基础的信任）的非标准化回归系数为-0.184，在显著性水平为 0.01 的情况下，具有统计方面的显著意义，这和假设 H_{7a} 相一致。因此，社交网络平台在建立以过程为基础的信任时，应该适度降低社交平台的价值性程度，因为社交网络的价值通过其使用价值最终表现为商业价值。从用户规模和活跃程度来看，主流社交网络服务网站蕴含着巨大的营销价值潜能。从当下的社交网络现状来看，一方面，庞大的用户数量，成功地吸引了全球大企业、大公司的关注；另一方面，又不得不承认社交网络中大量信息的无效性，而且其中的有效信息如何流动也是应该思考的问题。随着社交网络平台逐渐发展壮大，市场嗅觉灵敏的商家首先看到了商机，并快速打造成一种新兴营销模式平台——蜂窝式营销阵地，而且不少企业已经开始应用这种平台进行营销推广。例如，开通官方微博、官方微信等，配备专业人员适时更新信息、与粉丝们及时互动，积极推广企业的产品，等等，涌现出五花八门的营销方式。然而，在这个过程中，企业更多的是考虑自己的发展与营销目的，而社交网络平台有时候也会只从自身经济利益考虑，从而降低了消费者对信息发布者的信任，因此，社交网络平台应该更多地考虑消费者的需求，创造更好的购物环境和氛围，有益于提高以过程为基础的信任。

（6）价值性和以制度为基础的信任的交互项（价值性*以制度为基础的信任）的非标准化回归系数为-0.203，在显著性水平为 0.01 的情况下，具有统计方面的显著意义，这和假设 H_{7b} 相一致。因此，消费者在社交网络平台中，要体会到社会身份、关系以及信息方面的价值。而社交商务的价值感应特征，主要从四个方面对消费者的行为意向发生作用：第一，站在消费者立场上，社交商务平台的建设，拓宽了消费者对同一种产品的购买方式，消费者会更加享受到物超所值的产品或服务。第二，社会身份认知的含义中，包含的是人们对一特定事物产生的情感上的依赖，而这种依赖被个人身份以及社会身份一起影响。也就是说，如果一个人观察到其他人或事表现出来的特点类似于自我意识的时候，就会导致这个人自我认知的产生，而社交商务平台把这些类似的东西放在同一平台上，就会产生社会身份认知价值。第三，消费者如果浏览了一个社交商务平台，就很可能会去寻找处理自己所面临的问题的方法，而且会对其人际网有所拓展，这就造成了关系价值的产生。第四，在线社区重点进行的是信息共享和在线搜索，因此，消费者完全能够从社区的相关活动中获得一定的好处。另外，对于电子商务社交平台和以商品销售为主业的企业来说，社交商务平台会拓宽它们的销售渠道，加快其销售和推广速度，从而使企业大大提高其盈利水平；但是由于社交网络平台需要很高的价值性来维持平台的正常运转，而这种价值性往往对社交网络平台发现以及把握消费者需求带来消极作用，不能保证消费者的自主性，因此，社交网络平台在考虑经济价值的时候，也应该考虑适度性原则（Huang and Benyoucef，2013）。

综上所述，以过程为基础的信任、信任信念和以制度为基础的信任在提高消费者购买意向方面都发挥着巨大作用；体验性对信任信念及消费者购买意向的关系起正向调节作用；技术性对以过程为基础的信任及消费者购买意向的关系起正向调节作用，对以制度为基础的信任及消费者购买意向的关系起正向调节作用；价值性对以过程为基础的信任及消费者购买意向的关系起负向调节作用，对以制度为基础的信任及消费者购买意向的关系起负向调节作用。因此，企业应该根据消费者的信任产生方式和程度适当调整社交网络平台的特性。除此以外，如果其特性比较稳定，则可以在其特性基础上对适用的策略进行选择，以增强平台的可信度和两者的匹配度，进而有利于提高消费者在社交网络平台的购买意向。

第 7 章　基于用户信任购买意向的应用实例

为了检验用户参与社会化商务的意向，本章提出，可以通过检验用户在社交网络服务中的推荐行为、接收产品情况和购物体验等方式来进行。根据第 6 章的结论，本章的研究主要是根据消费者信任对购买意向的作用，为消费者推荐符合其购买意向的产品。而在网络环境下，社交网络服务中的用户行为不仅影响了协同过滤推荐算法的计算，而且还会影响到消费者对某商品的信任度。另外，由于社交活动中存在很多类型的消费者，而类型不同的消费者其主观信任倾向又不一样，最终使选取目标用户时所需的兴趣相似邻居的过程受到影响。本章节先对数据进行分析，把消费者划分为三个维度（可信用户、专家型用户、兴趣相似用户），并对这三类用户的主观倾向以岭回归分析方法进行估计。再通过权重选择，得出契合消费者信任的准确推荐方式。然后对消费者的消费水平偏好进行分析，设计出个性化商品的排序。同时，为使消费者有更高的应用水平，使用户对系统的乐趣及可控性有更深入的感知，实现其体验感的提升，并确保消费者更为全面地了解系统的易用性，提高对系统的信任度，本章也探讨了相应的反馈形式。

7.1　基于信任的推荐相关研究

众多学者围绕推荐系统领域进行了深入研究，并阐述了基于可信用户的推荐系统（蔡浩 等，2010；张富国 等，2010；Massa and Avesani，2007；O'donovan and Smyth，2005）。然而学者们对可信用户的定义或认定的侧重点却是各不相同的，其中有一种就是对可信性进行显性定义。比如以信任网为基础的推荐方法（Massa and Avesani，2004），采用这种方法构建信任网主要是以用户间彼此的互动为基础，通过互动用户的推荐赢得用户的信任值。另外，还可以通过用户的部分特征进行可行性分析（O'donovan and Smyth，2006）。例如，依照某领域内用户的购买史将其划分为两类：无推荐能力用户、有推荐能力用户（李聪 等，2008），如此不仅使得算法的复杂度降低，而且算法的推荐准确性得以提高。此外，也有部分研究以用户的兴趣和特征为视角，深入探讨并分析了协同过滤算法（严冬梅 等，2012），该算法在推荐效果上相对突出。

关于上述内容，围绕着怎样保障信息来源的可信性展开了深入分析，并取得了一系列研究成果。然而以消费者的视角看，针对同一商品，由不同可信用户给出的评价，是否会对目标用户产生同等重要的影响？就目标用户来说，对有推荐认知的用户或可信用户，其依赖度是不同的。比如，在选择餐厅时，一部分用户更愿意采纳有相似口味、爱好和审美的朋友提供的建议；而另一部分用户则以相关行业、领域的专家意见作为主要参考，甚至在项目推荐环境不同的情况下，同一目标用户也具有不同的依赖倾向。Eric et al（1984）从营销学、消费者心理学等方面有以下研究认识：若用户对相关产品已有部分或全面认知，那么其对专家建议可能不存在依赖性；若用户缺乏相关领域知识，则其对专家建议有选择倾向。

综上所述，因用户之间存在着异质性，如可信用户、专家用户、趣味相似用户，以及项目推荐环境不同情况下用户自身依赖倾向存在着异质性，所以，在搜集用户信息的过程中，有必要依据用户类型的不同对评价信息来源进行分类：其一，能够反映消费者的信任偏好；其二，有助于提升商品评分预测的准确性。之所以进行如此分类，就是想在寻找相似邻居方面使协同过滤推荐技术具有更高的合理性。此外，为使消费者能充分感受到系统具有仁慈性（全面考量消费者的实际需求）和可控性，系统应具有及时对消费者的需求和回应做出反馈的能力，且让消费者能感受到系统可控。比如，消费者可以通过偏好值的调节，获取更契合的商品排序。本章的研究框架如图 7-1 所示。

本章先围绕用户涉及的三个维度（专家性、相似性、可信性）展开定量描述，再通过回归分析获取权重，即主观上对经验用户、可信用户、相似用户的判断；最后再找寻出价值最高的 N 个用户并推荐给消费者。

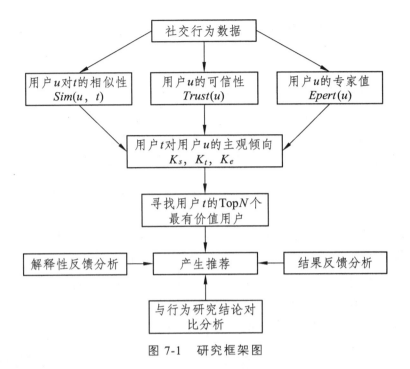

图 7-1　研究框架图

7.2　用户特征值分析

7.2.1　用户相似性分析

相似性是指用户之间在共同社交行为方面的相似度。它侧重体现用户彼此间的相似偏好，通常采取皮尔逊相关系数（Pearson Correlation）来计算。计算方法如公式（7-1）：

$$userSim(u,n) = \frac{\alpha' \cdot \sum_{i \subset CR_{u,n}} (r_{u,i} - \overline{r}_u)(r_{n,i} - \overline{r}_n)}{\sqrt{\sum_{i \subset CR_{u,n}} (r_{u,i} - \overline{r}_u)^2} \sqrt{\sum_{i \subset CR_{u,n}} (r_{n,i} - \overline{r}_n)^2}} \tag{7-1}$$

公式中，$CR_{u,n}$ 为用户 u 与邻居 n 之间具有的共同社交项目的集合，$r_{u,i}$ 为用户 u 对社交项目 i 的信任度，$r_{n,i}$ 为用户 n 对社交项目 i 的信任度。

由表 7-1 能够看出，传统相似性算法认为用户 1，2，3 具有完全相同的兴趣；然而，实质上仅有 80% 的用户 1 与用户 2 完全相同，仅有 60%

的用户 1 与用户 3 完全相同，因此，用户 1 与用户 2、用户 3 的相似性相同是不合理的。

表 7-1　用户参与项目集举例

	社交项目 A	社交项目 B	社交项目 C	社交项目 D	社交项目 E
用户 1	4	4	4	4	4
用户 2	4	4	4	4	—
用户 3	4	4	4	—	—

一般来说，如果用户之间共同参与的社交行为越多，那么其具有的相似倾向就越高，因此，根据传统算法，需引入系数 α。然而，实际上用户之间在电子商务系统内一起参与的社交项目并不多，因此，共同参与的项目数可由共同参与的项目数占全部社交项目数的比例来替代。若比例越高，则用户兴趣的相似度就越高。在此基础上提出改进措施，即共同参与社交活动项目数 α' 的计算方法如公式（7-2）：

$$\alpha' = \frac{\sum\limits_{i \subset CR_{u,n}} 1}{\sqrt{R_u \cdot R_n}} \tag{7-2}$$

式中 R_u 是用户 u 的项目评价总数量，R_n 是用户 n 的项目评价总数量。这个公式的算法不但可以以购买商品为媒介来反映消费者兴趣的相似性，还能够对消费者的购买行为予以体现。

7.2.2　用户可信度计算

所谓可信用户，是指假如社交活动的参与者可以对个人参与意愿予以真实反映，并且能够反馈自身在社交活动方面的认知感受，这样就可以认定此用户为可信用户。如果用户对社交活动的信任度达到或接近社交活动的平均信任度，那么可以认为，社交活动参与者体现了其真实的个人意愿，并且不受正相关或负相关影响，均在区间[0, 1]内。若用户的相似度一致，则参加项目更多的某一用户在反馈其信任情况时越真实。根据皮尔逊相关系数（Pearson Correlation）而引入系数 β，计算方法具体如公式（7-3）：

$$userTrust(u) = \beta \cdot \left| \frac{\sum\limits_{i \subset m}(r_{u,i} - \overline{r}_u)(r_{avg,i} - \overline{r}_{avg})}{\sqrt{\sum\limits_{i \subset m}(r_{u,i} - \overline{r}_u)^2}\sqrt{\sum\limits_{i \subset m}(r_{avg,i} - \overline{r}_{avg})^2}} \right| \qquad （7\text{-}3）$$

公式中，m 为用户 u 参与的全部社交活动的集合；$r_{avg,i}$ 为社交活动 i 的平均信任度；$\overline{r}_{avg}$ 为 m 个社交活动平均信任度的平均分；若 $m > 50$，则 $\beta = 1$，否则 $\beta = m/50$，此处给定的阈值 50 是以预分析的方式对数据进行分析获取的估计值。β 的引入，能使推荐算法具有更高的查准率，不过对稀疏程度不同的数据集，其选用的阈值应不同。

7.2.3　用户专家值计算

基于用户掌握的社交商务活动知识的程度不同，可以将其划分为以下两类：专家（Expertise）用户、熟练（Familiarity）用户（Jacoby and Troutman，1986）。其中，熟练用户是指对产品的认知程度较高的用户；专家用户是指完全具备相关产品具体工作的操作能力的用户。同时，专家用户需要在日常实践中获得更好的使用体验和经验，并在网络购物环境中建立起彼此相关联的知识结构，从而能再运用到实践中。所以，专家用户在此被定义为在某领域活跃度较高且能够对购买意向进行准确预测的用户。这里用到的数据是以 brandclass3 作为依据，划分数据集为 11 个领域。对于用户 u，其用户专家值有以下计算公式，具体见公式（7-4）：

$$Expertise(u) = \frac{1}{t}\sum_{i=1}^{n} m_i \cdot userExpertise(u,i) \qquad （7\text{-}4）$$

用户 u 参与 t 个社交活动，共划分为 n 个领域；各领域参与的社交项目为 m_i 个，$userExpertise(u,i)$ 是用户 u 在领域 i 上的专家值。因此，在领域 i 上，用户 u 的专家值有以下计算公式，具体见公式（7-5）：

$$userExpertise(u,i) = \varphi(u,i)\frac{\sum\limits_{j \subset i} userCorrect(u,j)}{\sum\limits_{j \subset i} 1} \qquad （7\text{-}5）$$

公式中，j 是在领域上用户 u 所参与的社交项目的集合；$\varphi(u,i)$ 是在领域

i 上用户 u 的活跃度，倘若参与次数 $count(u,i)$ 比其他全部用户的平均值 $avg(i)$ 大，那么其值为 1，否则为 $count(u,i)/avg(i)$；$userCorrect(u,j)$ 是测量用户 u 对项目 j 的预测准确性。

用户 u 预测的准确度体现为该用户的评价与预测值之间的相似程度。根据相关研究（O'donovan and Smyth，2005）有如下改进公式（7-6）：

$$userCorrect(u,j) = \begin{cases} 0, & if \left| r_{u,j} - pred(u,j) \right| > \varepsilon \\ \lambda, & if \left| r_{u,j} - pred(u,j) \right| \leqslant \varepsilon \end{cases}$$（7-6）

公式中，$r_{u,j}$ 是用户 u 对社交项目 j 具有的实际信任度；$pred(u,j)$ 是用户 u 对社交项目 j 的预测信任度，具体计算见公式（7-7）；ε 为 1.8，倘若除用户 u 外项目 j 的参与用户数量 n 比 10 小，那么 λ 为 $n/10$，否则为 1。因用户参与社交活动的平均数量在用户购买历史数据集中近似为 10，故这里取 10 为阈值。

$$pred(u,j) = \overline{r}_u + \frac{\sum\limits_{n \subset neighbors(u)} userSim(u,n) \cdot (r_{n,j} - \overline{r}_n)}{\sum\limits_{n \subset neighbors(u)} userSim(u,n)}$$（7-7）

7.2.4　用户信任倾向估计

构建回归方程：

$$V_{n,u} = K_{s,n} userSim(u,n) + K_{t,n} userTrust(u) + K_{e,n} userExpertise(u) + \varepsilon_n$$
（7-8）

在方程（7-8）中，$V_{n,u}$ 是用户 n 对用户 u 的效用；$K_{t,n}$ 为用户 n 相对于可信性的主观意愿，$K_{s,n}$ 为用户 n 相对于相似性的主观意愿，$K_{e,n}$ 为用户 n 相对于专家性的主观意愿，ε_n 为调节因子。

倘若在共同参与社会活动方面用户 u 与用户 n 具有更为接近的信任度，那么用户 u 对用户 n 有非常高的效用。与此同时，依照相关行为研究（Susan and Mudambi，2010），不管社交活动具体是哪种类型，其深度都是用社交活动的时长来表示的，越长的时间则意味着有越深的信任度，反之越浅。以下是 $V_{n,u}$ 的具体计算方法，见公式（7-9）：

$$V_{n,u} = \theta_u \cdot (C - MAE_{n,u}) = \theta_u \cdot \left(C - \frac{\sum\limits_{i=1}^{m} \left| R_{n,i} - R_{u,i} \right|}{m} \right) \quad （7\text{-}9）$$

公式中，θ_u 是用户 u 的信任占比，$R_{u,i}$ 是用户 u 对 i 的信任度；倘若参与平均时间长 $time(u)$ 比其他全部用户的平均值 $avgtime$ 大，那么其系数为 1，否则为 $time(u) / avgtime$。此处有以下内容需要关注：在对参与次数进行统计时，可能有部分干扰数据存在，譬如不是有效字符，参与次数为 0，同一时间重复点击，等等。面对以上情况，需要预先处理参与社交活动的数据。C 为常数，因用户信任分数 $MAE_{n,u}$ 在区间[0, 4]内，因而 C 值为 5。

　　进行回归计算时，考虑到可信度、相似度、专业度存在多重共线的可能性，可使用岭回归方法进行分析，即采用专门的有偏估计回归方法。此方法部分改善了最小二乘法，它对前者存在的部分精确度以及无偏性予以忽略，以便获取与实际情况更为契合的回归过程。

7.3　产生推荐

　　对用户主观意愿进行估测，可通过公式（7-8）来计算：先得出前 ω 个对用户 a 有最高效用的邻居购买集合，然后通过功率谱估计进行商品推荐。详细算法如下：

　　设 $\Phi_{xx}(m)$ 是用户需求与特征信息 $x(n)$ 的自相关函数，$P_{xx}(\omega)$ 用以表示功率谱密度，计算公式如下：

$$P_{xx}(\omega) = \sum_{m=-\infty}^{\infty} \Phi_{xx}(m)\, \mathrm{e}^{-z\omega m} \quad （7\text{-}10）$$

根据功率谱密度的计算，将 $\Phi_{xx}(m)$ 表示为：

$$\Phi_{xx}(m) = \lim_{N \to \infty} \frac{1}{2N+1} \sum_{n=-N}^{N} x(n) x^*(n+m) \quad （7\text{-}11）$$

将公式（7-11）代入公式（7-10），计算后得到：

$$P_{xx}(\omega) = \lim_{N \to \infty} \frac{1}{2N+1} \left[\sum_{n=-N}^{N} x(n)\mathrm{e}^{-z\omega n} \right] \cdot \left[\sum_{n=-\infty}^{\infty} x^*(n+m)\mathrm{e}^{-z\omega(n+m)} \right] \quad （7\text{-}12）$$

再求公式（7-10）的平均数，得到下式：

$$P_{xx}(\omega) = \lim_{N \to \infty} E\left[\frac{1}{2N+1}\left|\sum_{n=-N}^{N} x(n)e^{-z\omega n}\right|^2\right] \qquad （7-13）$$

由于用户信息的多源性，用户需求和特征信息含有大量的信息碎片，这意味着移动电子商务推荐系统通常采用的是其子序列，而不是完备无缺的信息。所以，在数据处理过程中，使用的是由有限数据序列得到的功率谱密度。如果一个消费者的 $x(n)$ 的有限数据序列是 $x(0)$，$x(1)$，$x(2)$，$\cdots$，$x(N)$，那么通过上面的公式计算可以得到：

$$\hat{\Phi}_{xx}(m) = \frac{1}{N}\sum_{n=-\infty}^{\infty} x_N(n)x_N(n+m) \qquad （7-14）$$

$$\hat{P}_{xx}(\omega) = \sum_{m} \hat{\Phi}_{xx}(m)e^{-z\omega m} \qquad （7-15）$$

将公式（7-14）代入公式（7-15）中，可生成或修改推荐列表。通过对多源信息的利用，可得到更加合理的个性化推荐结果。

7.4 实验分析

7.4.1 数据准备

本研究以腾讯微信小程序"京东购物"作为研究平台，依据相关网页使用 DataScraper、MetaStudio 开源工具进行数据项的抓取，具体有以下两大类：商品（商品价格、商品编号、商品名称、五种商品类别）、用户（用户名、社交活动信任度、参与社交活动信息）。因抓取的是存储形式为 Xml 文件的数据，因而本研究针对 Xml 文档使用 Sqlserver2000 与 VisualBasic 数据库展开数据预处理。对抓取的数据进行整理后，实际抓取10 825 名用户，共涉及 87 568 件商品的评价。因抓取的评价数据存在时间差异，所以此处依照时间先后对评价数据进行升序排序的方法，对消费者购买历史数据进行拆分，并选取前 4/5 的数据作为训练数据集，剩余的 1/5 数据作为测试数据集，这样可以确保全部数据与消费者的购买历史记录的截止时间一致。

7.4.2 评价方法

为验证相关算法的有效性和可信性，本研究主要通过准确性测量以及比对行为研究结果等两个方面进行检验。

1. 有效性验证

本节主要采取标准 $F1$ 方法来测量推荐结果，此方法很好地结合了查准率（Precision Ratio）与查全率（Recall Ratio）两种测量方法，具体见公式（7-16）。

$$F1 = \frac{2 \cdot Recall \cdot Precision}{Recall + Precision} \qquad （7\text{-}16）$$

在公式（7-16）中，查全率为 $Recall = |tset \cap top - N| / |test|$，查准率是 $Precision = |tset \cap (top - N)| / (top - N)$，其中，$top - N$ 为推荐结果集，$test$ 为测试数据集，$|tset \cap (top - N)|$ 为系统正确推荐结果数量。因推荐准确性在较大程度上受邻居数量影响，所以先针对因邻居数量不同对 MU – based CF 算法及 User – based CF 算法推荐效果的影响进行对比分析，具体如图 7-2 所示。

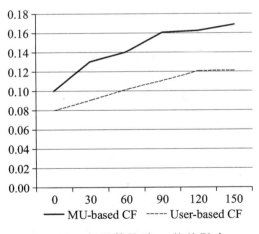

图 7-2 邻居数量对 $F1$ 值的影响

通过用户综合评价引入推荐用户，将使推荐质量得到大幅度提高，然而它对构成 $F1$ 值的查准率和查全率会产生不同的影响。采用回归分析方法对得到的 K_e，K_t，K_s 展开描述性统计分析，此三类用户态度的描述性统计分析值详见表 7-2。

表 7-2　用户的 K_e, K_t, K_s 值描述统计表

	N	极小值	极大值	均值	标准差
K_e	10 825	0.027	7.012	1.235	0.421
K_t	10 825	-1.981	3.287	0.114	0.215
K_s	10 825	0.042	6.891	0.598	0.412
有效的 N	10 825				

由表 7-2 可知，用户对 K_e 这一指标的态度最强烈，即对专家型用户更依赖。与此同时，用户会慎重、精心选择产品，这契合了本研究数据集的特征。在商品种类里，大多为搜索型产品。

所以，由查全率与查准率的变化趋势对本研究阐述的推荐方法进行对比可以清楚地看道，因目标用户对专家用户的依赖程度较大，从而造成邻居专家值在算法获取的最相似邻居集合内占比较大，因而受不断增加的邻居数量影响使得查准率快速趋于极值；然而邻居相似值具有相对较低的权重，从而在不断增加邻居数量的情况下查全率保持较慢的速度增长至极值。因此，得出的结果能够契合数据集内用户的态度特征，如图 7-3 所示。

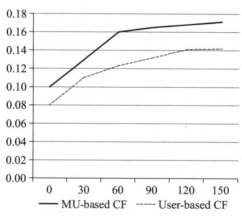

图 7-3　查准率与查全率变化趋势对比分析

2. 可信性验证

依据 Duhan et al（1997）得出的相关研究结论，用户自身获取的产

品信息越全面，对专家用户（对商品熟悉程度或专业程度较高的用户）的依赖度就越低。本研究也是立足某一具体领域的用户预测准确性与活跃度所拥有的众多数据来进行专家值的抽取，所以，这里的专家定义基本近似于行为研究领域的范畴。

首先，针对 K_e, K_t, K_s 的全部用户属性值采用 K-means 方法开展聚类分析。经多次测试发现，聚类数量 4 具有较好效果。再用方差齐性 LSD 方法作为工具对类与类之间进行两两比对，发现，它们在水平 0.01 上是显著的，其聚类结果如表 7-3 所示。

表 7-3 用户态度 K-means 聚类表

	Cluster 1	Cluster 2	Cluster 3	Cluster 4	F	Sig.
标准化 K_e	5.475	−0.542	0.487	1.235	754.231	0.000
标准化 K_t	5.231	−0.213	0.324	−0.546	89.235	0.000
标准化 K_s	0.254	−0.198	0.045	0.568	321.251	0.000
用户数 N	35	8 951	6 213	201		

聚类所采用的数据均为已标准化的数据，由 F 值能够看出，K 值会在较大程度上影响聚类。所以，先依 K_e 值的降序对各类用户进行排序：Cluster 1→Cluster 4→Cluster 3→Cluster 2；然后以专家值的升序对各类用户的描述性值的均值进行排序：Cluster 1→Cluster 4→Cluster 3→Cluster 2，得出的结果与统计分析得出的结果相契合，从而验证了该算法的可信性。若用户自身为专家用户，那么其对专家用户有极小的依赖，具体如表 7-4 所示。

表 7-4 专家值在不同类别中的统计描述

	N	均值	标准误差	极小值	极大值
Cluster 1	35	0.058	0.001 2	0.02	0.285
Cluster 2	8 951	0.325	0.007 4	0.04	0.951
Cluster 3	6 213	0.245	0.006 5	0.04	0.856
Cluster 4	201	0.147	0.003 1	0.02	0.901

在不同的推荐环境下，用户在新颖性、可信性和准确性上具有不同的依赖程度。对接受推荐结果只付出较低成本的情况来讲，用户可能较

为看重新颖性，如音乐鉴赏、电影推荐等；对接受推荐结果需付出较高成本或推荐结果为体验型产品或服务时，用户更关注可信性和准确性，特别是定价高的消费品。

基于实际数据进行全面分析可知，本研究中叙述的方法能够有效提升推荐质量。数据集相关特性研究表明，消费者对专家型用户更为依赖，因此，专家型用户在目标用户的最有价值邻居集合内所占比重越大，算法查准率的提高越快；所占比重越小，查准率的提高越慢。

本研究在 B2C 环境下对电子类产品所做的研究，只是在算法的通用性和推荐性方面利用相关数据进行更为全面的验证，而就用户对商品排序的接受度及评分预测的准确性方面并未开展实验验证。

7.5 个性化的商品排序方法

7.5.1 基于社交活动信任度的排序方法

首先做出如下假定：某类型商品集合共有 T 件商品，T_i 为第 i 件商品，S_i 为去除重复用户名情况下第 i 件商品参与社交活动的数量，$R_{i,j}$ 为第 j 个用户对第 i 件商品的信任度。下面就消费者 C 的推荐系统对商品 T_i 的信任度进行预测，具体计算方法见公式（7-17）：

$$Pre(C,T_i) = \frac{\sum_{j=1}^{S_i} V_{j,c} \cdot R_{i,j}}{S_i} \qquad （7-17）$$

公式中，$V_{j,c}$ 为消费者 j 对 C 的效用，具体计算方法采用 7.2.4 节公式（7-9）。

注：用这种方法计算出的评分，综合了所有曾经购买过该商品的其他消费者的信任度，而且是一种加权平均，每一个消费者的评分权重是其对目标用户的效用。

7.5.2 基于消费者价格偏好的排序方法

在购买商品的过程中，价格是消费者较为敏感的因素，不同消费者具有不同的消费水平。比如，在购买同一类型商品的过程中，部分用户倾向购买价格较高的产品，部分用户倾向购买价格适中的产品，而部分用户则倾向购买价格较低的产品。所以，对生成的推荐列表同样需要对用户消费水平偏好予以考量。

本研究分析了商品购买价格与其平均价格偏离的情况，对消费价格水平给出如下定义：消费者商品购买价格与均价存在的差距，越低于平均价格，说明消费者的消费价格水平越低，反之则越高。

由具体情况看，在消费者需求可以满足的情况下，消费者对较低价格的商品具有更大的购买倾向。因此，以消费者购买史作为参照对其消费水平偏好进行计算时，相较于购买同类商品均价更高价格的，其购买同类商品均价更低价格的对消费者的价格偏好会有更大的影响。

假定用户一共购买了 w 件商品，每件商品的价格为 p_i，市场同类商品均价为 $avg\ p_i$，如此可以获得该用户的消费价格水平，具体见公式（7-18）：

$$preconsume = \frac{\sum_{i=1}^{w}[(p_i - avg\ p_i) / \max(p_i, avg\ p_i)]}{w}$$ （7-18）

比如，消费者购买了两件价格分别为 200 元和 600 元的商品，那么这两件商品的均价为 400 元，通过计算可得出对消费者消费水平偏好的影响：500 元的商品为 $(200-400)/400 = -0.5$，1500 元的商品为 $(600-400)/600 \approx 0.33$。因此，若获取到消费者的消费水平 $preconsume$，就能对消费者对某类商品可能接受的价格进行预测，具体采用公式（7-19）：

$$preprice(c, j) = [1 - preconsume(c)] \cdot avg\ p_j$$ （7-19）

其中 $preprice(c, j)$ 为系统对消费者 c 购买 j 类商品做出的预测价格，$preconsume(c)$ 为消费者 c 的消费价格水平，$avg\ p_j$ 为 j 类型商品的平均价格。

使用预测价格与其他商品价格可以开展相似性分析，具体采用公式（7-20）：

$$simPrice = 1 - \frac{|preprice_i - avg\ p_i|}{\max(preprice_i, avg\ p_i)}$$ （7-20）

若它们具有相近的预测信任度，可以以消费水平是否相似作为参照对其进行排序。

7.6　对反馈的要求

本章就消费者的信息搜集和方案评估，先以消费者具有的异质性特征为基础，对各消费者的可信、相似、专家特征值进行了分析，并就消费者对不同类型用户产生的依赖倾向进行了估计，再以此为依据开展相关的推荐和信任度预测，最后结合消费者的消费价格偏好对结果做进一步的排序。

在整个过程中，以消费者的角度看，商品推荐、信任度预测和排序只是一个结果，若未给出具体的解释，那么此类结果是难以让消费者感受到对其是有帮助的，甚至会导致消费者对此类系统的干预产生反感，进而影响其主动性的发挥。所以，为使得推荐系统可以为消费者提供辅助信息搜集及评价的任务，反馈需要从以下几方面为消费者提供帮助，以使其对推荐系统的仁慈、能力、正直、可控予以切实感知，并能在使用系统时带来乐趣。

（1）利用 Why explanation 使用户对系统给出的推荐结果、信任度预测和信任度排序的目的予以真切感知，从而使消费者充分认识到该系统很仁慈。

（2）利用 How explanation 使用户能够全面认知系统给出的推荐结果、信任度预测和信任度排序的相关支持原因，进而使消费者感知到该系统的能力。

（3）利用 Trade-off explanation 使用户能切实地认识到系统推荐具有可控性，由此使消费者感知到该系统很正直。

（4）利用 Upside 与 Effort 反馈使用户能够掌握如何提升和改进推荐结果或预测信任度的方法，让消费者能在一定程度上提升其网络购买力及系统应用技能。

7.7　实践启示

7.7.1　社会化商务元素

在社交网络当中，社会化商务催生出电子商务，从而实现了购物功能与社交体验的有机结合（Li et al，2013）。对大多数顾客来说，购物也属于社交体验之一，所以在正式购物之前，人们通常会询问身边的人，以决定自己是否购买。社会化商务网站在设计元素时加入了社会化商务元素，以提高用户体验度，为用户决策提供帮助（Rad and Benyoucef，2011）。社会化商务企业在与消费者进行交流时，一般都会在社会化商务元素的基础上，形成一个顾客之间的交流机制，从而增加了一种全新的客户关系管理模式（Liang and Turban，2011；Hajli，2012）。随着社会化商务的逐步推行，其在企业增加销售收入、构建顾客与企业之间信任度、减少营销支出等方面发挥着巨大作用。除此以外，其对线上购物体验产生的极大冲击，使得更多的学者对社会化商务顾客的购买行为进行了探讨与分析（Rad and Benyoucef，2011）。就社会化商务元素而言，Fisher（2010）将其划分为六方面：论坛社区、打分评论、用户推荐、社交购物、社会化媒体以及社会化广告。在这里，最能影响一个人购物决策过程和质量的便是前三种元素（Marsden，2010；Rad and Benyoucef，2011；Hajli，2012；Huang and Benyoucef，2012；Kim and Park，2013）。

第一，将社会化商务元素加入社交网络中，促进了用户之间交流机制的诞生，并且把论坛或者社区作为依托。在这种社交平台当中，消费者可以寻找与自己兴趣相投或者生活圈子比较接近的人，进而成为网络上的朋友。另外，顾客还能够就自身的购物经验进行交流，以便为其他顾客提供建议（常亚平 等，2011；Huang and Benyoucef，2012）。经过在社区或者论坛当中的交流，可以和其他顾客开展互动，顾客能够得到相比以前更加丰富的有关产品和卖家的信息，这在其进行决策时能够发挥巨大的作用（Hajli，2012）。除此以外，由于论坛或者社区的参与，用户在进行购物时能够增加其娱乐方面的体验，而且能够提高顾客的信任度（Kim and Park，2013；Chen et al，2013）。

第二，用户在社会化商务网站中增添了许多信息，比如消费者如何对产品或者卖家进行评价，打出怎样的分数，还有交易过程当中其他方面的评价（殷国鹏，2012；Zheng et al，2013），等等。在电子口碑网络中，此类工具发挥着基础性作用，即在用户进行搜索时，它能使用户形成决策；还有在感应品牌形象的过程中也能发挥巨大作用（陶晓波 等，2013）。在社会化商务当中，用户自身形成的态度，是建立在与他人分享信息基础之上的，且能提供决策所需的支持，从而使用户在购买过程中产生必然性，并有效保障决策效果（陶晓波 等，2013；Kim and Park，2013；Bai et al，2015）。

第三，在用户选择产品和商家时，社会推荐系统发挥着巨大作用。社会化商务网站能够记录用户的爱好，进而保证预测的准确性（Li et al，2013）。首先，社会推荐系统能够记载用户以前的购物记录、爱好，还有和别人的交流沟通内容，在这个基础之上进行搜索，可以为用户提供最合适、最实用的信息；其次，社会推荐系统还能够整合别人的推荐内容，并提供给用户进行选择。用户发生购买行为后，若对商家服务或产品有较高的满意度，还能推荐给其他用户（Li et al，2013）。实质上，如今绝大多数的社会化商务网站都会将大范围的网页来放置用户的推荐信息。

7.7.2　社会化商务元素的管理建议

在社交网络服务时代，年轻群体，尤其是受过中高等教育的年轻群体，越来越重视在各社交网络服务平台上使用其自主选择、自主创造内容的权利。笔者通过前面的研究了解到，用户的信任对于消费者购买意向起了十分关键的作用，而且给企业如何判断用户信任提供了建议。同时根据信任、社交网络平台特性、消费者购买意向之间的影响关系，采取有针对性的策略来设计社会化商务元素，从而提高用户对网站的信任，帮助企业更好地进行社交网络服务营销。针对本研究的研究结果，具体提出以下四点管理建议：

1. 注重社交网络平台的有用性

企业在制订营销策略时，应将社交网络服务的有用性作为首要因素予以考虑。因为只有能让消费者产生并感知有用性的社交网络服务，才会渗透到消费者的日常生活中，才会让消费者对其产生依赖，并以此提升消费者的信任度，进而激发消费者通过此社交网络服务进行消费的购买意向。易用性虽然不能提升社交网络服务用户的信任度，但是有助于帮助企业扩大用户数量，从而制造更具影响力的营销效果。随着智能手机用户逐渐涵盖各个年龄段，老年人和儿童使用者人数与日俱增，但与20岁至40岁年轻群体不同的是，该群体对网络及智能手机的使用并不熟练，运用社交网络服务相对来说较有难度。因此，有用的社交网络服务平台若同时具备易用性这一特点，无疑将有助于企业吸引该群体的加入，使该群体成为企业的潜在客户。有用性及易用性的标准可以从搜索信息方便、快捷、准确、全面，社交网络服务更易于操作，可大幅度减少消费者的时间和精力的同时提升搜索信息效率等方面进行衡量（Jose and Carlos，2016）。

2. 注重社交网络服务上的消费者评价

在此研究中发现，社交网络服务上的第三方信息会通过信任间接影响消费者的购买意向。也就是说，来自第三方的信息如果不利于提升消费者的信任，就很容易削弱消费者的购买意向。部分调查证明，当人们对一些产品或者服务的体验比较好时，只会和身边的个别朋友分享经验，但是如果体验感很差，他们则会将这种差劲的体验感告诉很多人，而社交网络服务能在瞬间把客户评价传播到世界各处。在社会化媒体中，若出现产品或服务的负面评价，企业需要花很长的时间才能扭转这种局面，因此，公司直接参与社交网络服务的互动变得越来越重要，应予以高度重视。至于负面评价可能造成的负面影响，公司必须清晰地了解负面评价内容，并采取有效措施来控制社交网络服务平台上消费者负面评价的数量，对负面评价的出现要在第一时间积极调查解决；同时也要积极向消费者宣传其他购买者的较好的评价及经验分享，以提升消费者的信任度。

此外，企业在社交网络服务平台上利用该产品在某方面的意见领袖的意见进行营销推广时，要注重意见领袖的形象及口碑。选取意见领袖是参与信息生成的重要一环，通过意见领袖的培养，可实现社交网络服务平台上企业良好形象的有效营造。首先，选取的意见领袖必须是人们所认可的，并在产品的某领域具有一定的知名度和权威性，因为掌握了该产品的较为全面信息的人物，就意味着该意见领袖会有较多的关注者及粉丝，会产生更为广泛的影响力。其次，该意见领袖需要具有一定的正面形象及良好的口碑，只有这样，该意见领袖在发表相关产品的评论时，消费者才会认可该信息，并以此作为购买决策时的重要参考意见（Lee et al，2010）。

3. 注重社交网络服务的体验性

社交网络服务平台为使用者提供了更为自由的信息传播与分享的双向渠道，而使用者会积极同关系网络中的熟人、好友进行互动。研究发现，消费者会将购物体验与他人分享。也就是说，社交网络服务中的消费者拥有了更大的自主权，并展现出其更强的参与、对话交流的体验性。由此可以看出，消费者对社交网络服务平台展现出越来越强的体验性，而强体验性在一定程度上会影响消费者的信息信任度。企业在利用社交网络服务进行推广营销时，应注意将营销内容交给用户，注重提升消费者的体验性，让消费者更多的参与到企业的营销行动中来。若社交网络服务中的活跃参与者对某行业、产品、服务或品牌非常感兴趣，则消费者更容易信任企业，进而与企业建立起真诚、可靠的关系。通过建立起的这类关系，加上与社交网络服务成员共同分享体验，将有助于企业在该媒体平台上树立可信的形象。而消费者向公司同事、家人、朋友、邻居及社交网络服务圈子中的其他人推荐该产品和服务，并进行有效的交流和分享，可以触发数以万计消费者的购买意向。也就是说，消费者发表的评论，对其他用户怎样看待某产品或服务，以及最终是否决定购买该产品或服务，有着难以估计的广泛影响。社交网络服务中的对话，最有可能对用户购买决策产生影响。此外，如果消费者已经通过社交网络服务与某品牌发生了互动，那么他们在未来出现购买需求的时候就会更倾向于选择该品牌而不是其竞争对手的。

而要想吸引顾客以及潜在顾客，最好的办法就是，企业要销售那些深受顾客欢迎或者对潜在客户来说比较实用的产品，以缩短和消费者的距离，制造更优秀的营销效果。企业可以采取一些营销策略鼓励消费者将其消费体验在该社交网络服务上进行分享，并与其他成员进行互动交流。在公开认可社交网络服务成员的分享行为后，企业要继续给他们一些特别的待遇，同时给予相应的奖励，如积分、优惠券等，或者让他们第一个试用公司的新产品或新服务，或者赠给他们一些表达感激之情的礼物。企业也可鼓励消费者或者企业自身发起相关的产品话题，鼓励消费者积极响应、转发评论以及发表建议等，以提升话题的排名，进而提升产品的知名度，激发消费者的购买意向。此外，企业也可以在社交网络服务平台上设立相关讨论专区，供社交网络服务成员进行交流沟通、答疑解惑或针对某个话题进行深入跟踪，以进一步了解该产品的相关信息。用户在论坛和社区及评分和评论里的学习行为对于减少需求的不确定性会产生重要作用。所以，社交网络服务运营商必须采取各种措施保证用户浏览社区或者评论的时间变长，以便进行更加高效的沟通（Chen et al，2017）；社交网络服务运营商要在论坛完善以及社区评分评论界面等方面投入大量的资源，以保证用户的体验感；社交网络服务运营商需要分配更多的资源建设用户推荐系统；社交网络服务运营商要在网站中为特定社会化商务元素设置大量的版面，保证信息的最新性和趣味性，并且运用各种方式加强用户之间的交流沟通等（Bai et al，2015）。

4. 注重消费者信任的培养

对企业而言，信任是营销的关键。因此，不管是社交网络服务的技术接受程度、社交网络服务中的第三方信息，还是通过社交网络服务的体验性进行企业的营销推广，企业都应当将博取消费者的信任放在首要位置。因为信任是培养顾客忠诚度的前提，是建立企业与消费者长久交易关系的重要基础（RuiGu et al，2016）。社交网络服务平台的日益多样化，为消费者提供了更多的可供替代的信息交流平台（Wang et al，2015），只有建立起信任的桥梁，消费者才会对该社交网络服务产生持久的依赖，企业在该社交网络服务上的营销策略及知名度才可持续下去，并源源不断地创造利润。竞争环境的日趋激烈，使消费者面临着越来越多的同类可替代产品的选择，所以，从可持续发展的战略角度来讲，信任这一环节一旦出现问题，将对企业培养忠实顾客，以及取得长远利益来说颇为不利。因为消费者与企业之间的信任一旦被破坏将是难以修复的，并且由此而产生的负面评价的传播给企业所造成的影响将是不可小觑的。所以，企业在利用社交网络服务进行营销时，一定要注重信任的培养。

总之，社交网络服务运营商需要根据平台特性、信任与消费者购买意向设计相应的社会化商务应用。

在第 6 章的基础上，本章将信任度作为为社交用户提供符合其需求的产品推荐，将有助于社交网络向社会化商务的发展。在消费者信息搜集及信任度评估过程中，对具有不同信任倾向的用户，不同类型的消费者的社交活动参与次数或参与时间信息具有不同的作用。所以，本研究对可信用户、相似用户和专家用户进行形式化描述，并以岭回归分析方法作为工具，就目标用户对以上三类用户的态度进行分析，从而对目标用户价值最高的邻居集合进行选取，以获取推荐结果。

此外，在电子商务的实践中，特别是对电子商务购买模式较为倾向的消费者而言，若消费者能以自身偏好为依据对信任预测模型进行调节或者以价格偏好为基础对商品进行排序，那么消费者对系统的感知可控性和愉悦性都将有所提升，并且对推荐系统有更为良好的交互体验，进而对系统的易用性有深入体会，从而确保消费者在购买的全过程中基于理性分析，体会到系统的推荐能力，逐渐认识到系统是从消费者角度进行工作的仁慈性以及系统在推荐原则上所坚持的正直性，并由此对推荐系统产生足够的信任。

本章设计的商品排序方法不仅就各类消费者对目标用户具有的不同效用予以考量，而且对目标用户自身具有的价格水平偏好予以探讨，以期能为消费者偏好和兴趣提供更为全面的保障。不过其实际应用效果如何，还要通过进一步的研究。因此，在后续研究中会使用行为研究方法，以便让越来越多的企业尝试利用新兴的、多样化的社会化媒体平台对其产品或服务进行宣传、推广，以激发消费者的购买意向，产生更好的营销效果。

结 论

在数字经济时代，社交网络服务呈现出井喷式增长，影响了越来越多的人，并在人们的生活中发挥着越来越重要的作用。同时，社会化商务的发展让社交网络服务纷纷在其网站上加入商务应用或与电子商务网站相结合，使越来越多的用户发生由社交行为驱动的购买意向。

相较于传统交易，社交网络交易在空间上不存在限制，同时具备更广泛的交易范围，对同时性、地域性、可见性无要求，这就导致这类交易中的消费者对服务提供方缺乏信任。交易双方在社交网络虚拟环境中交换资金、货品、服务时，服务提供方需要获取消费者的个人信息，这也导致消费者还要考虑支付平台的保密性。因此，在众多因素的影响下，电子商务交易的风险，会给消费者带来一定意义上的担忧。于此基础上，信任双方的关系也变得越来越错综繁复，不论是交易还是交易的社交网络平台，都被归属于影响信任的因素中。

基于以上背景，本研究回归和梳理了现有研究的理论和成果，对社交网络平台特性、信任、消费者购买意向三者之间的关系进行了研究。调研数据取自网络问卷调研和实地问卷调研，调研工作分两组进行：探索性研究调研和正式研究调研。探索性研究调研中，大部分研究对象是在校大学生，而正式研究调研在探索性研究的基础上，对样本的数量和多样性进行了扩充，主要研究对象是社会人群中的中青年，该群体是社交网络的主要参与者。本研究在调查问卷做完之后，首先，就不同社交网络平台特性建立的信任类型对消费者购买意向的影响进行了探讨；其次，就不同社交网络平台特性对购买者购买意向和消费者信任之间的调节效应进行了探讨。依据现存理论进行假设，并结合实证进行验证。研究结论与研究假设存在不同程度的契合，如下图所示。

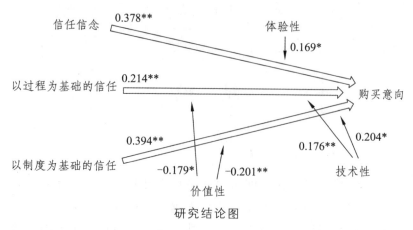

研究结论图

1. 研究启示

（1）建立信任信念能显著促进消费者的购买意向。

社交网络平台上的信息发布者能够展现出值得大家信任的能力——丰富的购物经验、系统的专业知识和较高的"比对"技巧。例如，社交网络平台上出现的"网红效应"，传播范围广、速度快、影响力大（义梅练，2016）。产品相关信息通过社交网络平台被广大消费者频繁地搜索，意在查询了解其他购买者使用该商品后的评价。值得一提的是，对消费者最具参考价值的，就是网络红人的观点与意见，网络上也称这类人为意见领袖。通常，他们具备一定的社会经济地位，会将其在某些领域内的消费经验、专业知识和选择技巧展现出来，同时，他们还会把丰富的购物经历、购物经验分享给大家。有关调查表明，相较于硬性广告，社交网络中活跃的意见领袖的意见更容易受到消费者的信任。换句话说，在增加消费者的信任度方面，生硬的营销广告远没有平易近人的意见领袖的推荐内容有用；特别是社交网站上的用户，他们在选购商品时容易依赖性地参照和购买意见领袖推荐的商品及服务。因此，建立信任信念能显著促进消费者的购买意向。

（2）建立信任意愿并不能显著促进消费者的购买意向。

这可能和样本平台注册会员数有关。此次研究采集的样本数据大部分源自人们经常使用的社交网络平台，用户对该类型的社交网络平台的熟悉度很高。Manuel et al（2015）通过研究得到，熟悉度会削弱情感信任与感知社区支持之间的影响关系。另外，也可能是由于本研究的研究对象以在校大学生和社会群体中的中青人为主，这部分群体的接收能力强，对社交网络平台也有强烈的信任意愿。还有，虚拟交易中的评价系统和实名认证制度，都促进了信任的形成，而用户也都有强烈的信任意愿。因此，由这种信任给消费者带来的购买意向的变化并不大。这也给大家带来启示，社交媒体服务时代已经到来，在线社交已经融入现实生活的人际交往中，花样繁多的各类社交网络工具层见叠出，社交网络已然成为人们生活中不可或缺的一部分。社交信息和社交规模在不断扩大，用户对社交媒体服务已经产生了一定的信任意愿，愿意在社交网络平台上进行购物。所以，新的客户资源可通过社交网络挖掘，企业可以在社交网络中更多地投入资金，以开发资源，维系客户。

（3）建立以过程为基础的信任能显著提高消费者的购买意向。

消费者往往会受过去多次交易的经验影响，这可能有助于双方信任的加深。用户在建立以过程为基础的信任时，通过多次反复的交互活动，可使彼此间更加熟悉，从而形成信任关系，这是商务活动中至关重要的基础。商务交易中，如果没有交易双方或成员间的彼此信任，那么任何商务活动都是徒劳和无功的。所以，消费者更愿意相信曾经有过交易活动的商家或企业，这也是老顾客比新顾客转化率高的重要原因。因此，建立以过程为基础的信任能显著提高消费者的购买意向。

（4）建立以制度为基础的信任能显著提高消费者的购买意向。

以制度为基础的信任通常需要第三方的保证。比如，社交网络平台要为信息发布者做出一些约束，以保证其真实性。另外，还要拥有法律效力、契约、行业规范、专业资格和专业知识作保证，只有这样才能使消费者对对方产生信任，从而提高其购买意向。

（5）体验性正向调节信任信念和消费者购买意向。

在使用社交网络服务平台的过程中，消费者能够有切身的体验感受，即体验性。作为研究者，若要恰当地对社交商务的体验感知特征进行深度评价，就要从消费者使用这种网络应用平台时产生的多样性、愉悦性、归属性三个方面去看待。社交商务服务的体验性对消费者的行为意向有一定的影响，主要表现如下：其一，消费者使用不同社交平台及在社交平台上遭遇不同成员时，都会给消费者的体验感知带来多样性；其二，消费者在社交网络平台的使用过程中能够心情愉悦，身心放松；第三，归属感的来源，取决于人类的社会类别认同。因此，从属不同的网络社区，会让消费者寻求认同感而更加珍惜作为其中一员的身份。总而言之，消费者的行为会受到社交商务的体验感知的影响，换句话说，社交商务的体验性会对消费者的信任信念产生影响。

（6）体验性对信任意愿和消费者购买意向之间的关系没有显著调节作用。

社交网络平台如果要给消费者更好的体验性，就要给信息发布者充分的自由，即没有严格的规范来制约用户的行为，这就给消费者在社交网络平台的购物行为带来了不确定性。在风险、环境不明的状况下，一方的意愿与打算能够得到另一方的认同，使其期望得以满足。信任是消费者对信息平台及信息本身的可靠程度进行综合判断，并基于判断而愿意进行交易的行为。不惧风险的潜在性，以对方的诚实和信誉为基础，选择信赖，愿意与这个交易伙伴合作，这就是信任。但是，消费者的总体信任感与感知风险呈负相关性，其网络购物信任感随着感知风险的提高而降低。体验性有时会让消费者对信息发布者的规范性产生怀疑，因此，就信任意愿来讲，不需要社交网络平台过强的体验性，体验性的调节作用也就不会显著。

（7）技术性正向调节以过程为基础的信任和消费者购买意向。

所谓技术性特征，就是社交网络服务平台通过所采用的技术手段，以消费者的感知为结果，使消费者获取心理上的购买意向。一般可以从四个维度进行评价，即社交商务的交互性、机密性、可用性和易用性。消费者的行为意向受其影响，具体表现如下：第一，消费者是否忠于社交网络服务平台取决于平台的可用性，可用性越强，消费者对其忠诚度越大。第二，若要让消费者愈加喜欢某个社交网络服务平台，就要求社交网络服务平台确保其机密性。因为数据信息的保密强度越高，公司和消费者交易的安全性才有保障。信息一旦泄露，不仅会给消费者带来损失，还会导致消费者对平台产生不信任感，从而舍弃使用平台。第三，消费者倾向于技术易用性较强的平台。在快餐文化大行其道的今天，商品带给消费者的初感极其重要，然而，是否选择深入了解产品，正取决于平台展现的易用性。第四，交互性是社交网络服务平台中不可缺少的功能，不可忽视。趋利避害（避免受到批评，寻求积极评价）是社交商务活动的基本行为，而技术的交互性能够满足人们使用不同类型的方式对外展示自己美好形象的能力。所以，社交网络平台应该保持一定的技术性。也只有这样才能够保证消费者在交易过程中的安全性和畅通性，从而提高消费者的信任度，有利于促进消费者的购买意向，从而促进社交网络平台经济效益的提高。

（8）技术性正向调节以制度为基础的信任和消费者购买意向。

以制度为基础的信任通常需要第三方的保证，离不开社交网络平台提供的专业技术支持，这样才能够保证社交网络平台为信息发表者做出一些约束，确保其真实性，如相关法律法规、行业规范、契约、专业门槛等，从而让卖家得到买家的信任，提高消费者的购买意向。因此，社交网络要建立以制度为基础的信任，保证一定的技术性。技术性能使第三方的约束得以实现，能够加强以制度为基础的信任，因为只有以社交网络中强大的技术功能为基础，用户才有安全感，才能在社交网络平台中进行涉及资金安全的交易活动。因此，技术性正向调节以制度为基础的信任和消费者购买意向。

（9）价值性负向调节以过程为基础的信任和消费者购买意向。

企业通过社交网络服务平台拓宽了商品和服务的销售渠道，这对企业产品和服务的推广和销售非常有利，从而增加了企业收入。然而，企业如果更多的只是考虑自己的发展与营销目的，而社交网络平台有时可能也会考虑自身的经济效益，这可能会降低消费者与信息发布者在交互过程中的信任。总之，消费者的行为与社交网络平台的价值导向有一定的关系。基于以上分析，社交网络平台在考虑经济价值的同时，也应该考虑消费者的其他价值，进而影响消费者的行为意向。

（10）价值性负向调节以制度为基础的信任和消费者购买意向。

社交网络平台如果过度考虑经济价值，则可能在制订相关约束规则时会向企业倾向，减弱以制度为基础的信任，从而使消费者感觉到不公平而放弃购买。所以，社交网络平台在制订规则时，需要将公司的经济价值性程度适度调低，使社交网络平台更具有公平性，以保证消费者的利益不受损失。

结合以上结论性论述，具体研究假设的实证过程如下表所示。

在验证信任对消费者的购买意向有影响之后，为了检验用户参与社会化商务的意向，本研究通过检验用户在社交网络服务中的推荐过程、接收产品信息和购物体验等方式来进行。在网络环境下，社交网络服务中的用户行为不仅影响了协同过滤推荐算法的计算，而且也会影响到消

研究假设验证情况表

研究假设	数据表明	结果
假设 1	信任信念能显著促进消费者的购买意向	成立
假设 2	信任意愿并不能显著促进消费者的购买意向	不成立
假设 3	以过程为基础的信任能显著促进消费者的购买意向	成立
假设 4	以制度为基础的信任能显著促进消费者的购买意向	成立
假设 5a	体验性正向调节信任信念和消费者的购买意向	成立
假设 5b	体验性对信任意愿和消费者购买意向之间的关系没有显著调节作用	不成立
假设 6a	技术性正向调节以过程为基础的信任和消费者的购买意向	成立
假设 6b	技术性正向调节以制度为基础的信任和消费者的购买意向	成立
假设 7a	价值性负向调节以过程为基础的信任和消费者的购买意向	成立
假设 7b	价值性负向调节以制度为基础的信任和消费者的购买意向	成立

费者对某商品的信任度。此外，社交活动中的消费者具有众多类型，不同类型用户的消费者具有不同的主观信任倾向，这就导致选取目标用户所需的兴趣相似邻居的过程受到影响。本研究先是进行了数据分析，把消费者划分为三个维度（可信用户、专家型用户、兴趣相似用户）；再对这三类用户的主观倾向以岭回归分析方式进行估计，即邻居选择权重，并由此给出能够与消费者信任偏好契合的准确推荐；最后，对消费者的消费水平偏好进行分析，以便进行个性化商品排序方法的设计。同时，为使得消费者有更高的应用水平，使得用户对系统的乐趣及可控性有更深入的感知，实现其体验感的提升，并确保消费者更为全面地了解系统的易用性，加深对系统的信任度，最后还探讨了相应的反馈形式。通过设计基于信任视角的推荐系统，提出社交网络平台特性背景下增加消费者购买意向的策略建议，为企业制订更好的营销策略提供一定的帮助。

2. 研究的局限性

（1）样本选取。

本研究进行了两次调研，其中，探索性研究调研主要以在校大学生为样本主体，样本量是 193；正式研究调研主要以社会人群为样本，样本量是 698，获取的数据质量及代表性比探索性研究更为有效。但就本研究的研究对象和样本回收量而言还不是真正意义上的"大样本"研究。

（2）调查研究的手段。

本研究的部分问卷通过网络在线调查的形式开展，设计问卷时，在效度和信度两方面都做了充分的考量。然而，网络在线调查无法监管调研过程，也不能对被调研人的信息进行监控，这必然会导致诸如同源偏差等一系列偏差，从而可能会因数据的客观性造成的偏差而影响到此次研究数据分析的信度和效度。

（3）模型的构建和量表的开发。

本研究主要考察了社交网络平台的价值性对消费者购买意向的影响。社交网络平台的价值性是一个比较新的概念，它的研究通常是对其经济价值的研究。本研究提出了社交网络平台还具有其他方面的价值，但相关研究相对较少，关于社交商务价值性也缺少较为成熟的量表设计。本研究的商务价值性量表是依据相关的文献和量表经过合理的修改后得出的，它在测量社交商务价值性时或许有欠妥之处。与此同时，对于社交商务这个新概念，研究文献也不多，本研究在研究时能够借鉴的直接相关文献也很有限，所以构建的模型相对简单，没能做进一步的深化研究。

3. 未来研究方向

（1）本研究只考虑了对信任与消费者购买意向的影响，实际上，影响消费者行为意向的因素还有很多，诸如环境层面的政策环境、经济环境，消费者层面的个体性格、决策偏好等变量，这些影响因素日后都可纳入研究范畴，从而更全面地考虑社交商务感知特征对消费者购买意向产生的影响。

（2）本研究的探索性研究的研究对象以在校大学生为主，由于社交网络服务群体众多，不仅仅局限于大学生，所以研究者进行了第二次普适性的正式研究调研工作，以便对人群的数量和类型进行扩展。但是消费者所处环境迥异、性格特点各异、群体差异明显，这些都会导致消费者消费意愿的不同。为了能够增强实证研究结论的说服力和普适性，希望今后在已有研究基础上，使用大样本抽样调研回收的数据进行分析，以进一步增加调研对象的选取数量，拓宽研究对象范围；并在进行大量实证研究的基础上，检验和修正本研究的结论，提升本研究模型的解释度，促进对实践的指导效果。同时，在研究方法上采用问卷调查法进行量化分析，在问卷调查过程中采用调查对象自评方式，同时结合他评和自评，从而有效提高变量测量的准确度。

（3）本研究仅探索了部分社交网络服务特征与消费者购买意向之间的关系，未能延伸到社交网络服务平台的其他方面。在日后的研究分析中，可从其他方面探索社交网络服务对消费者购买行为的影响机制、购买评价等。例如，消费者购买意向受到社交网络平台的影响，主要是通过何种机制；在社交网络平台上购物与直接实体店购买商品，消费者对哪一个评价更高，购买评价又受到了什么因素影响，等等。未来的研究中，这些问题都需要深入探索。

附 录

调查问卷

尊敬的女士/先生：

您好！非常感谢您在百忙之中抽出时间协助填答这份问卷。这份问卷是匿名的，所有问题的回答都没有正确与错误之分，也不涉及任何财务数据、个人信息及商业机密。本问卷结果将用于学术研究，不涉及商业用途，我们保证不向其他组织或个人披露您所提供的信息。请在最接近您的看法的答案上打"√"。整个问卷需要耽搁您5~10分钟的宝贵时间，非常感谢您的参与和支持！

基本信息：

1. 您的性别：

　□男　　　　　　　　　□女

2. 您的年龄是：

　□18岁以下　　　　　□18~25岁　　　　　□26~35岁
　□36~55岁　　　　　□55岁以上

3. 您的受教育程度是：

　□高中及以下　　　　□专科　　　　　　　□本科
　□硕士　　　　　　　□博士及以上

4. 您每月的收入水平为：

　□1000元以下　　　　□1001~3000元　　　□3001~5000元
　□5001~8000元　　　□8000元以上

在线活动：

A1. 您一般使用社交媒体服务平台服务吗？

☐使用（继续下题）　　☐不使用（结束问卷）

A2. 您在社交媒体服务平台活跃吗？

☐非常活跃　　　　　☐比较活跃　　　　　☐一般
☐不太活跃　　　　　☐很不活跃

A3. 您使用的社交媒体服务平台的粉丝数为：

☐100 万人及以下　　☐101 万~1000 万人
☐1001 万~10000 万人　☐10000 万人以上

A4. 您经常使用的社交媒体服务平台的性质：

☐工作类　　　　　　☐婚恋类　　　　　　☐兴趣类
☐聊天类　　　　　　☐其他

B1. 您在社交媒体服务平台中参加一些活动，这些活动是好玩、有趣、有挑战性的，您能得到愉悦感。

☐非常不同意　　　　☐有些不同意　　　　☐无意见
☐有些同意　　　　　☐非常同意

B2. 您经常使用的社交媒体服务平台上成员多样化，大家的知识、技能、兴趣、能力非常多元。

☐非常不同意　　　　☐有些不同意　　　　☐无意见
☐有些同意　　　　　☐非常同意

B3. 您经常使用的社交媒体服务平台非常的自由，大家可以讨论他们感兴趣的任何主题，而不受到社区管理者的控制。

☐非常不同意　　　　☐有些不同意　　　　☐无意见
☐有些同意　　　　　☐非常同意

B4. 您在经常使用的社交媒体服务平台上很有归属感。

☐非常不同意　　　　☐有些不同意　　　　☐无意见
☐有些同意　　　　　☐非常同意

C1. 您在经常使用的社交媒体服务平台上能够获得奖金、商品、服务等。

☐非常不同意　　　　☐有些不同意　　　　☐无意见
☐有些同意　　　　　☐非常同意

C2. 您在经常使用的社交媒体服务平台上非常有身份，有一个积极的形象。

☐非常不同意　　　　☐有些不同意　　　　☐无意见

□有些同意　　　　　□非常同意

C3. 您在经常使用的社交媒体服务平台上有自己的社会关系。

□非常不同意　　　　□有些不同意　　　　□无意见

□有些同意　　　　　□非常同意

C4. 您通常会在经常使用的社交媒体服务平台上搜索需要的信息，发布有价值的信息。

□非常不同意　　　　□有些不同意　　　　□无意见

□有些同意　　　　　□非常同意

D1. 您觉得经常使用的社交媒体服务平台非常好用，操作方便快捷。

□非常不同意　　　　□有些不同意　　　　□无意见

□有些同意　　　　　□非常同意

D2. 您觉得在经常使用的社交媒体服务平台进行商务交易非常安全，不会泄露个人信息。

□非常不同意　　　　□有些不同意　　　　□无意见

□有些同意　　　　　□非常同意

D3. 您认为经常使用的社交媒体服务平台非常有用，可以获得自己需要的信息。

□非常不同意　　　　□有些不同意　　　　□无意见

□有些同意　　　　　□非常同意

D4. 您觉得经常使用的社交媒体服务平台交互性很好。

□非常不同意　　　　□有些不同意　　　　□无意见

□有些同意　　　　　□非常同意

E1. 您会浏览一下社交媒体服务平台上推荐的产品。

□非常少　　　　　　□比较少　　　　　　□一般

□比较多　　　　　　□非常多

E2. 您会点击查看一下社交媒体服务平台上推荐的产品。

□非常少　　　　　　□比较少　　　　　　□一般

□比较多　　　　　　□非常多

E3. 您会收藏社交媒体服务平台上推荐的产品。

□非常少　　　　　　□比较少　　　　　　□一般

□比较多　　　　　　□非常多

E4. 您会将社交媒体服务平台上推荐的产品加入购物车。

□非常少　　　　　　□比较少　　　　　　□一般

□比较多　　　　　　□非常多

E5. 您会购买社交媒体服务平台上推荐的产品。

□非常少　　　　　　□比较少　　　　　　□一般

□比较多　　　　　　□非常多

F1. 您对社交媒体服务平台上推荐的产品非常放心。

□非常不同意　　　　□有些不同意　　　　□无意见

□有些同意　　　　　□非常同意

G1. 在社交媒体服务平台上发布商品信息的企业或个人通常展示出有很强的才能、能耐、胜任、称职、竞争能力、熟练的技能和专业能力。

□非常不同意　　　　□有些不同意　　　　□无意见

□有些同意　　　　　□非常同意

G2. 在社交媒体服务平台上发布商品信息的企业或个人通常展示出诚实、廉正、可信的形象。

□非常不同意　　　　□有些不同意　　　　□无意见

□有些同意　　　　　□非常同意

G3. 在社交媒体服务平台上发布商品信息的企业或个人通常展示出仁慈、善心、善意的形象。

□非常不同意　　　　□有些不同意　　　　□无意见

□有些同意　　　　　□非常同意

H1. 您愿意相信在社交媒体服务平台上发布商品信息的企业或个人是诚实可信的。

□非常不同意　　　　□有些不同意　　　　□无意见

□有些同意　　　　　□非常同意

H2. 您愿意相信在社交媒体服务平台上发布商品信息的企业或个人是正规的，有专业的能力和保障。

□非常不同意　　　　□有些不同意　　　　□无意见

□有些同意　　　　　□非常同意

H3. 您愿意相信在社交媒体服务平台上发布商品信息的企业或个人是善意的，对我们是友好的。

□非常不同意　　　　□有些不同意　　　　□无意见

□有些同意　　　　　□非常同意

I1. 您会倾向购买以前进行过交易活动的社交媒体服务平台上的商品。

□非常不同意　　　　□有些不同意　　　　□无意见

□有些同意　　　　□非常同意

I2. 您在社交媒体服务平台上会倾向购买朋友推荐的产品。

□非常不同意　　　　□有些不同意　　　　□无意见

□有些同意　　　　□非常同意

I3. 您在社交媒体服务平台上会根据与商家或个人的交流过程选择是否购买产品。

□非常不同意　　　　□有些不同意　　　　□无意见

□有些同意　　　　□非常同意

I4. 您在社交媒体服务平台上会根据大家的互动情况选择是否购买产品。

□非常不同意　　　　□有些不同意　　　　□无意见

□有些同意　　　　□非常同意

J1. 如果在社交媒体服务平台上的企业或个人具有专业的资格,你会选择购买产品。

□非常不同意　　　　□有些不同意　　　　□无意见

□有些同意　　　　□非常同意

J2. 如果在社交媒体服务平台上的企业或个人有行业规范和专业知识,你会选择购买产品。

□非常不同意　　　　□有些不同意　　　　□无意见

□有些同意　　　　□非常同意

J3. 如果在社交媒体服务平台上的企业或个人受到第三方的保证,如平台的规定或者交易契约,你会选择购买产品。

□非常不同意　　　　□有些不同意　　　　□无意见

□有些同意　　　　□非常同意

J4. 如果在社交媒体服务平台上的企业或个人受到法律的约束,你会选择购买产品。

□非常不同意　　　　□有些不同意　　　　□无意见

□有些同意　　　　□非常同意

参考文献

[1] 阿泰 (ABDYLDAEV ATAI). 公司网店形象对顾客购买意愿的影响研究[D]. 华南理工大学, 2016.

[2] 埃弗雷姆·特班, 戴维·金, 李在奎, 等. 电子商务——管理与社交网络视角[J]. 北京: 机械工业出版社, 2014.

[3] 毕达天, 邱长波. B2C 电子商务企业-客户间互动对客户体验影响机制研究[J]. 中国软科学, 2014, 12: 124-135.

[4] 百度百科. 社会化电子商务 [OL]. http: //baike. baidu. com/view/4033709. htm.

[5] 蔡浩, 贾宇波, 黄成伟. 结合用户信任模型的协同过滤推荐方法研究[J]. 计算机工程与应用, 2010, 46 (35): 148-151.

[6] 陈爱辉. 社交网络中用户活跃行为度量与购买决策研究[D]. 华中科技大学, 2014.

[7] 陈轩. B2C 环境下中介信任和卖方信任对态度忠诚和购买意愿的影响研究[D]. 西南财经大学, 2011.

[8] 陈吴. 基于信任、涉入程度和感知风险的 SNS 用户参与行为的实证研究[D]. 青岛大学, 2012.

[9] 陈洋. 社会化电子商务用户推荐对消费者购买意愿的影响研究[D]. 北京邮电大学, 2013.

[10] 陈振华. 电子商务与社交网络结合之路新探索[D]. 南昌大学, 2013.

[11] 陈传红. 感知网站风险控制对消费者行为的影响研究[J]. 工业工程与管理, 2013 (6): 91-98.

[12] 成思敏, 王继军, 郭满才, 等. 基于结构方程模型的陕北退耕区农业产业——资源系统耦合机制分析[J]. 自然资源学报, 2018 (7):

1165-1178.

[13] 邓子鹃, 林仲华. 国内消费者网购信任影响因素研究述评[J]. 管理学报, 2013 (1): 49-53.

[14] 房文涛. 基于网络购物流程的消费者信任影响因素研究[D]. 山东大学, 2011.

[15] 菲利普·科特勒 (PHILIP KOTLER). 营销管理[M]. 北京: 中国人民大学出版社, 2001.

[16] 高博. 网络商店形象对顾客购买意向的影响关系研究[D]. 大连理工大学, 2010.

[17] 韩睿, 田志龙. 促销类型对消费者感知及行为意向影响的研究[J]. 管理科学, 2005, 18(2): 85-91.

[18] 何旺兵. 基于顾客视角的 B2C 购物网站品牌资产影响要素的实证研究[D]. 山东大学, 2012.

[19] 胡爱群, 宋宇波, 蒋睿. 信息安全[M]. 武汉: 华中科技大学出版社, 2011.

[20] 韩小芸, 汪纯孝. 服务性企业顾客满意感与忠诚感关系[M]. 北京: 清华大学出版社, 2003.

[21] 柯杨. 社交商务对消费者行为意向影响的研究[D]. 广西大学, 2016.

[22] 李聪, 梁昌勇, 马丽. 基于领域最近邻的协同过滤推荐算法[J]. 计算机研究与发展, 2008, 45 (9): 1532-1538.

[23] 李振月. 差序格局视角下不同层面信任对购买意向和购买行为的影响[D]. 东北财经大学, 2016.

[24] 李慧梅, 王丽. 计划行为理论 (TPB) 在消费行为意向研究中的应用 [J]. 四川教育学院学报, 2009. 25 (9): 18-20.

[25] 李洁娜. 社会化电子商务模式探析——基于用户信息行为 [J]. 中山大学研究生学刊, 2014, 35 (1): 63-72.

[26] 李国鑫, 李一军. 基于用户在线交易意愿的虚拟社区电子商务实证研究 [J]. 管理评论, 2011, (8): 78-86.

[27] 李雯. 社交网络[J]. 高校图书馆工作, 2008, 28 (1): 14.

[28] 刘柳昕. 基于 SNS 的中国社会化电子商务研究[D]. 华中科技大学, 2012.

[29] 刘正源. 社会化电子商务信任影响因素对服装购买决策的影响——以"美丽说"为例[D]. 北京服装学院, 2013.

[30] 梁晓涛, 汪文斌. 社交网络服务[M]. 武汉: 武汉大学出版社, 2013.

[31] 林崇德. 心理学大辞典 (上卷) [M]. 上海: 上海教育出版社, 2003.

[32] 林宝灯, 李云云. 基于网络营销的顾客忠诚度影响因素实证分析[J]. 宿州学院学报, 2016, 31 (12): 23-26.

[33] 梦非. 社会化商务下意见领袖对购买意愿的影响研究[D]. 南京大学, 2012.

[34] KARDES F R. 消费者行为与管理决策[M]. 马龙龙, 译. 北京: 清华大学出版社, 2003.

[35] 牛永革. 地理品牌特征及其形象的关联因素研究[D]. 四川大学, 2007.

[36] 潘可也. 基于 TAM 的网络口碑与消费者购买意愿的实证研究[D]. 哈尔滨工业大学, 2012.

[37] 秦成德, 王汝林. 移动电子商务[M]. 北京: 人民邮电出版社, 2009.

[38] 邱蕾. 社会化媒体对消费者购买意愿的影响研究[D]. 江西财经大学, 2009.

[39] 青平, 李崇光. 消费者计划行为理论及其在市场营销中的应用[J]. 理论与实践: 理论月刊, 2005. 2: 78-80.

[40] 孙彦, 李纾, 殷晓莉. 决策与推理的双系统——启发式系统和分析系统[J]. 心理科学进展, 2007. 15 (5): 721-845.

[41] 童乔凌, 刘天祯, 童恒庆. 结构方程模型的约束最小二乘解与确定性算法[J]. 数值计算与计算机应用, 2009. 30 (3): 170-180.

[42] 唐嘉庚. 互动性对 B2C 环境下信任及购买行为倾向影响研究[D]. 复旦大学, 2006.

[43] 唐亦之. 跨界联姻: 社会化网络与电子商务的共赢之道[J]. 传媒, 2011. 6: 57-58.

[44] 陶晓波, 宋卓昭, 张欣瑞, 等. 网络负面口碑对消费者态度影响的实证研究——兼论企业的应对策略[J]. 管理评论, 2013, 25 (3): 101-110.

[45] 王朝云, 程丽. 不确定性情境下启发式在创业决策中的应用[J]. 重庆科技学院学报 (社会科学版) , 2017, (3): 53-57.

[46]　王建. 由 Pinterest 的兴起看社交电子商务网站的发展[J]. 互联网天地, 2012, 4: 57-58.

[47]　吴菊华, 高穗, 莫赞, 等. 社会化电子商务模式创新研究[J]. 情报科学, 2014, 12: 48-52.

[48]　吴秋琴, 许元科, 梁佳聚, 等. 互联网背景下在线评论质量与网站形象的影响研究[J]. 科学管理研究, 2012.(1): 81-84.

[49]　维基百科[OL]. http: //en. wikipediaorg/wiki/soeial_media.

[50]　肖芳. 社会化电商的生存之道[J]. 互联网周刊, 2013, (9): 54-55.

[51]　薛小云. 网络营销环境下影响顾客忠诚的因素及提升途径和策略[J]. 现代商贸工业, 2018, 39(29): 54-55.

[52]　严冬梅, 鲁城华. 基于用户兴趣度和特征的优化协同过滤推荐[J]. 计算机应用研究, 2012, 29(2): 497-500.

[53]　杨佳玲. 消费者信任度对服装网络营销效果的影响[J]. 湖南工程学院学报, 2017, 27(4): 28-30.

[54]　勇军, 代亚非. 对等网络信任机制研究[J]. 计算机学报, 2010, 33(3): 390-405.

[55]　义梅练. "网红"在社会化电子商务中的应用及其商业模式浅析[J]. 电子商务, 2016(8): 8-9.

[56]　叶青. 社会化媒体特征对消费者购买意愿的影响研究——以新浪微博为例[D]. 华东理工大学 2013.

[57]　叶诗凡. 快消品网络营销的消费者信任问题分析[J]. 商业经济, 2018, 505 (9): 78-79.

[58]　殷国鹏. 消费者认为怎样的在线评论更有用? ——社会性因素的影响效应[J]. 管理世界, 2012, 28(12): 115-124.

[59]　赵冬梅, 纪淑娴. 信任和感知风险对消费者网络购买意愿的实证研究[J]. 数理统计与管理, 2010(2): 305-314.

[60]　赵维林, 魏华飞. 基于信任的网络营销中消费者适用不确定性影响因素研究[J]. 企业改革与管理, 2017 (8): 5-6.

[61]　郑君君. 信息处理模式对个体策略选择的影响——基于双加工模型的实验研究[J]. 郑州大学学报 (哲学社会科学版) , 2016, 49(2): 74-77.

[62]　郑月锋, 周雪. 电子商务[M]. 北京: 机械工业出版社, 2015.

[63]　郑也夫. 信任论[M]. 北京: 中信出版社. 2015.

[64]　左文明, 王旭, 樊偿. 社会化电子商务环境下基于社会资本的网络口碑与购买意愿关系[J]. 南开管理评论, 2014, 4: 140-150.

[65]　周兴龙. 基于 SNS 的 B2C 电子商务模式研究[D]. 东北财经大学, 2012.

[66]　仲晓密. 我国多渠道零售商的 O2O 营销战略实证研究[J]. 商业经济研究, 2017(08): 42-44.

[67]　张富国, 徐升华. 基于信任的电子商务推荐多样性研究[J]. 情报学报, 2010, 29 (2): 350-355.

[68]　张瑜. 网络意见领袖对女性消费者购买意愿的影响研究[D]. 上海外国语大学, 2014.

[69]　张飓. 社会化电商商业模式的分析和仿真[D]. 北京工业大学, 2013.

[70]　张冕, 鲁耀斌. 文化认同对社会化商务用户行为的影响研究[J]. 华东经济管理, 2014, 28 (5): 105-108.

[71]　张宇, 陈华钧, 姜晓红, 等. 电子商务系统信任管理研究综述[J]. 电子学报, 2008, 36 (10): 2011-2020.

[72]　张慧玉, 李华晶. 创业直觉判断可靠吗——基于自然决策理论与启发式偏见理论的评析[J]. 科学学研究. 2016, 34 (4): 574-581.

[73]　中国互联网络信息中心. 第 41 次中国互联网络发展状况统计报告 [EB/OL]. [2018-01-31]. http: //b2b. toocle. com/detail-6435338. html, 2018.

[74]　ABDUL-RAHMAN A, HALLES S. A distributed trust model[J]. ACM New Security Para digms Workshop, 1997, 35 (3): 48-60.

[75]　BAZAARVOICE. Social commerce statistics[R/OL]. [2015-08-31]. http: //www. bazaarvoice. com/research-and-insight/social-commerce-statistics/#. UXXkYNZ9dj8.

[76]　ALGESHEIMER R, DHOLAKIA U M, HERRMANN A. The social inuence of bradn community: evidence from European car clubs[J]. Journal of Marketing, 2005, 69: 19-34.

[77]　ANDERSON J C, NARUS J A. A model of distributor firm and manufacturer firm working partnerships [J]. Journal of Marketing,

1990, 54: 42-58.

[78] ANDREU L, BIGNE E, CHUMPITAZ R, et al. How does the perceived retail environment influence consu-mers' emotional experience evidence from two retail settings [J]. International Research, 2006, 16 (5): 559-578.

[79] BAI YAN, YAO ZHONG, DOU YI-FAN. Effect of social commerce factors on user purchase behavior: an empirical investigation from renren. com[J]. International Journal of Information Management, 2015, 35 (5): 538-550.

[80] BAUER R A. Consumer behavior as risk taking, in R. F. Hancock (Ed.) , dynamic marketing for a changing world[C]. American Marketing Association, 1964, 389- 398.

[81] BENLIAN, A., KOUFARIS M, HESS T. Service quality in software-as-a-service: developing the SaaS-Qual measure and examining its role in usage continuance [J]. Journal of Management Information Systems, 2011, 28 (3): 85-126.

[82] BHATTACHERJEE. A. Individual trust in online firms: scale development and initial trust[J]. Journal of Management Information Systems, 2002, 19 (l): 211~243.

[83] BLAZE M, FEIGENBAUM J, IOANNIDIS J, et a1. The role of trust management in distributed systems security[J]. Springer Berlin Heidelberg, 1999, 185-210.

[84] BLAZE M, FEIGENBAUM J, KEROMYTIS A D. Keynote: trust management for public-key infrastructures[J]. Springer Berlin Heidelberg, 1998, 1550: 59-63.

[85] BLANCA HERNANDEZ-ORTEGA. Don't believe strangers: online consumer reviews and the role of social psychological distance[J]. Information and Management, 2017, 55 (1): 1-20.

[86] BOOMSMA A. Nonconvergence, improper solutions, and starting values in LISREL maximum likelihood estimation[J]. Psychometrika, 1982, 50 (7): 229-242.

[87] BOYD, D. M., ELLISON, N. B. Social network sites: Definition,

history, and scholarship [J]. Journal of Computer-Mediated Communication, 2008, 13 (1): 210-230.

[88] CHOI SUJEONG. The flipside of ubiquitous connectivity enabled by smartphone-based social networking service: social presence and privacy concern[J]. Computers in Human Behavior, 2016, 65: 325-333.

[89] CHEUNG MILLISSA F Y, TO W M. Service co-creation in social media: an extension of the theory of planned behavior[J]. Computer Application in Human Behavior, 2016, 65: 260-266.

[90] CHEN A, LU Y, GUPTA S. Enhancing the decision quality through learning from the social commerce components [J]. Journal of Global Information Management, 2017, 25 (1): 66-91.

[91] CHANG SHUCHIH ERNEST, SHEN WEI-CHENG, LIU ANNE YENCHING. Why mobile users trust smartphone social networking services? A PLS-SEM approach [J]. Journal of Business Research, 2016, 69 (11): 4890-4895.

[92] CHU YH, FEIGENBAUM J, LAMACCHIA B, et al. Referee: trust management for web applications [J]. Computer Networks and Isdn Systems, 1997, 2 (3): 127-139.

[93] CHEN A, LU Y, WANG B, et al. What drives content creation behavioron SNSs?A commitment perspective[J]. Journal of Business Research, 2013, 66 (12): 2529-2535.

[94] CATHERINE M R, DAVID G, BAY A. Some antecedents and effects of trust in virtual communities[J]. Journal of Strategic Information Systems, 2002, 11: 271-295.

[95] CHOI BOREUM, LEE QURYON INSEONG. Trust in open versus closed social media: the relative influence of user- and marketer-generated content in social network services on customer trust[J]. Information Technology and Informatics, 2017, 34: 550-559.

[96] CHOI SUJEONG. The flipside of ubiquitous connectivity enabled by smartphone-based social networking service: social presence and privacy concern [J]. Computerin Human Behavior, 2016, 65: 325-333.

[97] CHANG SHUCHIH ERNEST, LIU ANNE YENCHING, SHEN WEI CHENG. User trust in social networking services: a comparison of Facebook and Linkedin [J]. Computer in Human Behavior, 2017, 69: 207-217.

[98] CHANG SHUCHIH ERNEST, SHEN WEI-CHENG, YEH CHUN-HSIU. A comparative study of user intention to recommend content on mobile social networks [J]. Multimedia Tools and Applications, 2016, 76 (4): 1-19.

[99] CHUNG NAMHO, KOO CHULMO, NAM KICHAN. Examining information sharing in social networking communities: applying theories of social capital and attachment[J]. Telematics and Informatics, 2016, 33 (1): 77-91.

[100] CHAE HEEJU, KO EUNJU. Customer social participation in the social networking servicesand its impact upon the customer equity of global fashion brands[J]. Journal of Business Research, 2016, 69 (9): 3804-3812.

[101] CHUNG SOON-SUK, CHOT DUKE HYUM. The impacts of social factors on perceived usefulness constructs on social networking service[J]. Korea Data Analysis Association, 2015, 5: 2313-2329.

[102] CHEN JUN, SHEN XIAO-LIANG. Consumers' decisions in social commerce context: an empirical investigation[J]. Decision Support System, 2015, 79: 55-64.

[103] CONNER M, ARMITAGE C J. Extending the theory of planned behavior: a review and avenues for further research [J]. Journal of App lied Social Psychology, 1998, 28 (15): 1429-1464.

[104] CURTY R G, ZHANG P. Social commerce: looking back and forward [C]. Proceedings of the American Society for Information Science and Technology, Wiley Online Library, 2011, 48: 1-10.

[105] DANIEL KAHNEMAN. Maps of bounded rationality: psychology for behavioral economics[J]. The American Economic Review, 2003, 93 (5): 1449-1475.

[106] DAVIS, F D. Perceived usefulness, perceived ease of use, and user

acceptance of information technology[J]. MIS Quarterly, 1989, 13 (3): 319-339.

[107] DAVIS, F. D. BAGOZZI, R P., WARSHAW, P. R. User acceptance of computer technology: a comparison of two theoretical models[J]. Management Science, 1989, 35 (8): 982-1003.

[108] DENG SHUIGUANG, HUANG LONGTAO, XU GUANDONG, et al On deep learning for trust: aware recommendations in social networks[J]. IEEE Transactions on Neural Networks and Learning Systems, 2016, 28 (5): 1164-1177.

[109] DENNISON G, BOURDAGE-BRAUN S, CHETUPARAMBIL M. Social commerce defined [R]. ResearchTriange Park, NC: IBM Systems Technology Group, 2009, 7-8.

[110] DODDS, WILLIA B, MKENT B, et al. Effects of price, brand and store information on buyers'product evaluations [J]. Journal of Marketing Research, 1991, 28 (8): 307-319.

[111] DONG T P, CHENG N C, WU Y C J. A study of the social networking website service in digital content industries: the Facebook case in Taiwan [J]. Computers in Human Behavior, 2014, 30 (1): 708-714.

[112] DUHAN D F, JOHNSON S D, WILCOX J, et al. Influences on consumer use of word-of-mouth recommendation sources [J]. Journal of Academy of Marketing Science, 1997, 25 (24): 283-295.

[113] EGHAM. Gartner says the vast majority of social collaboration initiatives fail due to lack of purpose[N/OL]. [2013-04-02]. http: //www. gartner. com/newsroom/id/240 2115.

[114] ELSTER JON. Emotions and economic theory[J]. Journal of Economic Literature, 1998, 26 (1): 155-173.

[115] ENGLISH, J. M., G. L. KERNAN. The prediction of air travel and aircraft technologyto the year 2000 using the Delphi method [J]. Transportation Research, 1976, 10 (1): 1-8.

[116] EPLEY N, GILOVICH T. Are adjustments insufficient[J]. Personality and Social PsychologyBulletin, 2004, 30: 447-460.

[117] EPLEY N, GILOVICH T. The anchoring and adjustment heuristic[J]. Psychological Science, 2006, 17: 311-318.

[118] ERIC J, JOHNSON J, EDWARD R. Product familiarity and learning new information[J]. Journal of Consumer Research, 1984, 11 (1): 542-550.

[119] ERIC W T, NGAI, SPENCER S C TAO, et al. Moon socialmedia research: theories, constructs, and conceptual framworks[J]. International Joural of Information Management, 2015, (35): 33-44.

[120] EUNICE KIM, DRUMWRIGHT MINETTE. Engaging consumers and building relationships unsocial media: how social relatedness influences intrinsic vs. extrinsic consumer [J]. Computers in Human Behavior, 2016, 63: 970-979.

[121] FALK J H, SHEPPARD B K. Thriving in the knowledge age: new business models for museums and other cultural institutions [M]. Oxford: Altamira Press, 2006.

[122] Fishbein Martin, Ajzen Icek. Belief. Attitude, intention and behaviorzz: an introduction to theory and research [J]. MA: Addison-Wesley Publishing Company, 1975, 30: 56-89.

[123] FERREIRA M B, GARCIA MARQUES L, SHERMAN S J. Automatic and controlled components of judgment and decision making [J]. Journal of Personality and Social Psychology, 2006, 91: 797-813.

[124] FOGG B J, TSENG H. The elements of computer credibility [C]. Proceedings of the SIGCHI Conference on Human Factors in Computing Systems: the CHI is the Limit. ACM, 1999, 80-87.

[125] FOURNIER, S. and AVERY. The uninvited brand [J]. Business Horizons, 2011, 54 (3): 193-207.

[126] GAMBETTA D. Trust: making and breaking cooperative relations[J]. The Economic Journal, 1988, 99 (394): 201-203.

[127] GARY M. MULLET, MARVIN KARSON. Analysis of purchase intent scales weighted by probability of actual purchase[J]. Journal of Marketing Research, 1985, 22 (1): 93-96

[128] GEFEN D, KARAHANNA E, STRAUB D W. Trust and TAM in online shopping: an integrated model [J]. MIS Quarterly, 2003, 27 (5): 51-89.

[129] GEORGE LOEWENSTEIN. Out of control: visceral influences on behavior[J]. Organizational Behavior and Human Decision Processes, 1996, 65 (3): 272-292.

[130] GEORGE LOEWENSTEIN. Emtions in economic theory and economic behavior[J]. AmericanEconomic Review, 2000, 90 (2): 426-432.

[131] GRACHT, H. A. V. D. Consensus measurement in Delphi studies: review and implications for future quality assurance[J]. Technological Forecasting and Social Change, 2012, 79 (8): 1525-1536.

[132] GRUTZMANN ANDRE, Macedo Fernanda Maria Feliclo, Zambalde Andre Luiz. Knowledge management and innovation: the role of virtual social networks in Innovative consumer behavior[J]. Journal of Technology Management and Innovation, 2013, 8 (8): 209-220.

[133] HANNA R, ROHM A, CRITTENDEN V L. We're all connected: the power of the social media ecosystem[J]. Business Horizons, 2011, 54 (3): 265-273.

[134] HILLMAN S, NEUSTAEDTER C. Trust and mobile commerce in North America[J]. Computers in Human Behavior, 2017, 70: 10-21.

[135] HAJLI NICK. Social commerce constructs and consumer's intention to buy[J]. International Journal of Information Management, 2015, 35 (2): 183-191.

[136] HAJLI M N. The role of social support on relationship quality and social commerce[J]. Technological Forecasting and Social Change, 2014, 87 (1): 17-27.

[137] HUANG ZHAO, BENYOUCEF MORAD. From e-commerce to social commerce: a close lookat design features[J]. Electronic Commerce Research and Applications, 2013, 12 (4): 246-259.

[138] HAJLI M. Social commerce adoption model[C]. Proceedings of the

UK Academy of Information Systems Conference, University of Oxford, UK, 2012.

[139] HUANG Z, BENYOUCEF M. From e-commerce to social commerce: a closelook atdesignfeatures [J]. Electronic Commerce Research and Applications, 2013, 12 (4): 246-259.

[140] HSIAO KUO-LUN, LIN JUDY CHUAN-CHUAN, WANG XIANG-YING, et al. Antecedents and consequences of trust in online product recommendations: an empiricalstudy in social shopping [J]. Online Information Review, 2010, 34 (6): 935-953.

[141] ICKLER H, SCHÜLKE S, WILFLING S, et al. New challenges in e-commerce: how social commerce influences the customer process[C]. The 5th National Conference on Computing andInformation Technology, 2009: 51-57.

[142] JACOBY J, TROUTMAN T. Experience and expertise in complex decision making[J]. Advances in consumer research, 1986, 13 (1): 469-472.

[143] JACOBY J, KAPLAN. The components of perceived risk [C]. Proceedings of the 3rd Annual Conference for Consumer Research, 1972: 382-393.

[144] JARVENPAA S L, TRACTINSKY N. Consumer trust in an internet store: across-cultural validation[J]. Compute~Mediated Comm, 1999, 5 (2): 1-33.

[145] JOSANG A. The right type of trust for distributed systems[C]. Proceedings of the Workshopon New Security Paradigms Lake Arrowhead Ca United States, 1996.

[146] JOYCE E, KRAUT R E. Predicting continued participation in news groups[J]. Journal of Computer-Mediated Communication, 2006, 11 (3): 723-747.

[147] JOSE COELHO, CARLOS DUARTE. A literature survey on older adults' use of social network services and social applications[J]. Computers in Human Behavior, 2016, 58: 187-205.

[148] JONES, GEORGE. The experience and evolution of trust:

implications for cooperation and teamwork. Academy of Management Review, 1998, 23 (3): 531-546.

[149] JIN HONG, ZHU JIALI, LI GUOZHONG, et al. The effects of consumer characteristics on information searching behavior in wireless mobile SNS: using SEM analysis [J]. Wireless Personal Communication, 2017, 93: 81-96.

[150] JASCANU N, JASCANU V, NICOLAU F. A new approach to e-commerce multi-agent systems [J]. Annals of Dunarea De Jos, 2007, 1: 8-11.

[151] KAISER, H F. A second generation little jiffy [J]. Psychometrika, 1970, 35 (4): 401-415.

[152] KIM S, PARK H. Effects of various characteristics of social commerce (s-commerce) onconsumers' trust and trust performance [J]. International Journal of Information Management 2013, 33 (2): 318-332.

[153] KIM HYOJIN, KO EUNJU, KIM JURAN. SNS users' para-social relationships with celebrities: social media effects on purchase intentions [J]. Journal of Global Scholars of Marketing Science, 2015, 25 (3): 279-294.

[154] KOUFARIS M, SOSA HAMPTON W. The development of initial trust in an online companyby new customers[J]. Information and Management, 2004, 41 (3): 377-397.

[155] KIM MYUNG JA, LEE CHOONG-KI, BONN MARK. Obtaining a better understanding abouttravel-related purchase intentions among senior users of mobile social network sites [J]. International Journal of Information Management, 2017, 37 (5): 484-496.

[156] LEITNER P, GRECHENIG T, EDITORS. Next generation shopping: case study research on future e-commerce models [C]. Krish Namurthy S and Isaías P, eds. IADIS International Conference E-Commerce. Portugal: Algarve: 2007, 312-316.

[157] LLYOO B. HONG, HWIHYUNG CHO. The impact of consumer trust on attitudinal loyalty and purchase intentions in B2C e-marketplaces:

intermediary trust vs. seller trust[J]. International Journal of Information Management, 2011, 31 (5): 469-479.

[158] LIANG T, HO Y, LI Y, et al. What drives social commerce: the roleof social support and relationship quality [J]. International Journal of Electronic Commerce, 2011, 16 (2): 69-90.

[159] LI Y M, WU C T, LAI C Y. A social recommender mechanism for e-commerce: combining similarity, trust, and relationship [J]. Decision Support Systems, 2013, 55 (3): 740-752.

[160] LIANG TING-PENG, TURBAN EFRAIM. Introduction to the special issue social commerce: a research framework for social commerce[J]. International Journal of Electronic Commerce, 2011, 16 (2): 5-14.

[161] LI CONG. A tale of two social network sites: how the use of Facebook and Renren influences Chinese consumers' attitudes toward product packages with different cultural symbols[J]. Computers in Human Behavior, 2014, 32 (32): 162-170.

[162] LEE SEUNG HWAN. The role of consumers' network positions on information-seeking behavior of experts and novices: a power perspective[J]. Journal of Business Research, 2014, 67 (1): 2853-2859.

[163] LI YUNG MING, WU CHUN TE, LAI CHENG YANG. A social recommender mechanism fore-commerce: combining similarity, trust, and relationship [J]. Decision Support System, 2013, 55 (3): 740-752.

[164] LIANG T, HO Y, LI Y, et al. What drives social commerce: the role of social support and relationship quality[J]. International Journal of Electronic Commerce, 2011, 16 (2): 69-90.

[165] LIANG T P, TURBAN E. Introduction to the special issue social commerce: a research framework for social commerce [J]. International Journal of Electronic Commerce, 2011, 16 (2): 5-14.

[166] LEE SANG WOO, LEE JIYOUNG. A comparative study of Kakaostory and facebook: focusing on use patterns and use motives[J]. Technology and Informatics, 2017, 34: 220-229.

[167] LIN XIAOLIN, LI YIBAI, WANG XUEQUN. Social commerce

research: definition, research themes and the trends[J]. International Journal of Information Management, 2017, 3: 190-201.

[168] LIANG T, TURBAN E. Introduction to the special issue social commerce: a research framework for social commerce[J]. International Journal of Electronic Commerce, 2011, 2: 5-14.

[169] LANG K R, LI T. Introduction to the special issue: business value creation enabled by social technology[J]. International Journal of Electronic Commerce, 2013, 18 (2): 5-10.

[170] LEE SEUNG HWAN, COTTE JUNE, Noseworthy Theodore J. The role of network centrality in the flow of consumer influence[J]. Journal of Consumer Psychology, 2010, 20 (1): 66-77.

[171] LIN KAN-MIN. Predictingasian undergraduates' intention to continue using social network services from negative perspectives[J]. Behaviour and Information Technology, 2015, 34 (9): 882-892.

[172] MASSA P, AVESANI P. Trust-aware recommender systems[C] proceedings of the ACM conference on recommender systems. New York: ACM: 2007, 17-24.

[173] MARSDEN P. Commerce gets social: how your networks are driving what you buy[N]. Social Commerce Today, 2011, 2011-01-29 (1).

[174] MARTINEAU P. The personality of the retail store. harvard business[R]. Harvard Business Review, 1958, 52 (1): 37-46.

[175] MARK NG. Factors influencing the consumer adoption of Facebook: a two-country study of youth markets[J]. Computers in Human Behavior, 2016, 54: 491-500.

[176] MARSDEN PAUL. Social commerce (English): monetizing social media [M/OL]. [2014-07-01]. http: //books. google. com. hk/books/ about/Social_Commerce_ english. html?id=8HnQ1F6bSz4C, GRIN Verlag, 2010.

[177] MASSA P, AVESANI P. Trust-aware collaborative filtering for recommender systems[C]//OTM Confederated International Conferences, CoopIS, DOA and ODBASE. Berlin: Springer, 2004, 492-508.

[178] MATHWICK, CHARLA, WIERTZ, et al. Social capital production in

a virtual P3 community[J]. Journal of Consumer Research, 2008, 34 (6): 832-849.

[179] MANUEL J SANCHEZ-FRANCO, JOSE L ROLDAN. The influence of familiarity, trust and norms of reciprocity on an experienced sense of community: an empirical analysis basedon social online services[J]. Behavior and Information Technology, 2015, 34 (4): 392-412.

[180] MAYER R C, DAVIS J H, SCHOORMAN F D. An integrative model of organizational trust[J]. Academy of Management Review, 1995, 20 (3): 709-734.

[181] MCALLISTER, DANIEL J. Affect and cognition-based trust as foundations for interpersonal cooperation in organizations. Academy of Management Journal, 1995, (38): 24~59.

[182] MCKNIGHT D. H. CUMMINGS L. L. CHERVANY N L. Initial trust formation in new organizational relationships[J]. The Academy of Management Review, 1998, 23 (7): 473-490.

[183] MCKNIGHT D. H. CHEVRANY N. L. Conceptualizing trust: a topology and e-commerce customer relationships model [C]. Proceedings of the 34th Hawaii International Conference on System Sciences, 2001, 36-40.

[184] MCKNIGHT D H, CHERVANY N L. What trust means in e-commerce customer relationships: aninterdisciplinary conceptual typology [J]. International Journal of Electronic Commerce, 2002, 6 (2): 35-59.

[185] MCKNIGHT D H, CHOUDHURY V, KACMAR C. The impact of initial consumer trust on intentions totransact with a web site: a trust building mode [J]. Journal of Strategic Information Systems, 2002, 11: 297-323.

[186] MITCHELL, VINCENT WAYNE. Consumer perceived risk: conceptualization and models [J]. European Journal of Marketing, 1999, 33: 163-195.

[187] MORGAN, ROBERT M, SHELBY D HUNT. The commitment-trust

theory of relationship marketing [J]. Journal of Marketing, 1994, 58 (3): 20-38.

[188] MOORE, G. C, BENBASAT I. Development of an instrument to measure the perceptions of adopting an information technology innovation [J]. Information Systems Research, 1991, 2 (3): 192-222.

[189] MYUNG-JA KIM, NAMHO CHUNG. The effect of perceived trust on electronic commerce: shopping online for tourism products and services in south korea[J]. Tourism Management, 2011, 32 (2): 256-265.

[190] NEVO, D, CHAN Y. E. A Delphi study of knowledge management systems: Scope and requirements [J]. Information & Management, 2007, 44 (6): 583-597.

[191] NUNNALLY, JUM C. Psychometric theory [M]. New York: McGraw-Hill. 1978.

[192] O'DONOVAN J, SMYTH B. Is trust robust? An analysis of trust-based recommendation[C]. In Proceedings of the 11th international conference on intelligent user interfaces. New York: ACM, 2006: 101-108.

[193] O'DONOVAN J, SMYTH B. Trust in recommender systems [C]. Proceedings of the 10th international conference on intelligent user interfaces. New York: ACM, 2005, 167-174.

[194] OKOLI, C, PAWLOWSKI S. D. The Delphi method as a research tool: an example, design considerations and applications [J]. Information & Management, 2004, 42 (1): 15-29.

[195] PAGANI M, MIRABELLO A. The influence of personal and social-interactive engagementinsocial TV web sites[J]. International Journal of Electronic Commerce, 2011, 16 (2): 41-68.

[196] PAVLOU P A. Consumer acceptance of electronic commerce: integrating trust and risk with the technology acceptance model[J]. Journal of Electronic Commerce, 2003, 7 (3): 101-134.

[197] PAUL W M, Blackwell, Engel. Consumer behavior [M]. 3rd ed. London: IFLA International Office for UBC, 1977.

[198] PETTY R E, WEGENER D T. The elaboration likelihood model: current status and controversies. In: Chaiken S, Trope Y. Dual-process theories in social psychology [M]. New York: Guilfoed Press, 1999.

[199] PHANG CHEE WEI, ZHANG CHENGHONG, SUTANTO JULIANA. The influence of user interaction and participation in social media on the consumption intention of niche products [J]. Information and Management, 2013, 50 (8): 661-672.

[200] PIYATHASANAN B, MATHIES C, WETZELS M, et al. A hierarchical model of virtual experience and its influences on the perceived value and loyalty of customers[J]. International Journal of Electronic Commerce, 2015, 19 (2): 126-158.

[201] PILIGRIMIENĖ ŽANETA, DOVALIENĖ A, VIRVILAITĖ R. Consumer engagement in value co-creation: what kind of value it creates for company[J]. Engineering Economics, 2015, 26 (4): 9-31.

[202] PENG SANCHENG, YANG AIMIN, CAO LIHONG, et al. Social influence modeling using information theory in mobile social networks[C]. Information Sciences, 2016: 379.

[203] RHEINGOLD H. Virtual community: homesteading on electronic frontier[M]. New Jersey: Addison-wesleyInc, 1993.

[204] ROSELIUS T. Consumer rankings of risk reduction methods [J]. Journal of Marketing, 1971,35: 56-61.

[205] ROTTENSTREICH YUVAL, HSEE CHRISTOPHER MONEY, K. Kisses and electric shocks: on the affective psychology of risk [J]. Psychological Science, 2001, 12 (3): 185-190.

[206] RUOYUN LIN, SONJA UTZ. Self-disclosure on SNS: do disclosure intimacy and narrativity influence interpersonal closeness and social attraction [J]. Computer in Human Behavior, 2017, 70: 426-436.

[207] RICHARDS TIMTHY J, ALLENDER WILLIAM, HAMILTON STEPHEN F. Social networks and new product choice[J]. Agricultural Economy in the United States, 2014, 96: 489-516.

[208] RUIGU, OH LIH-BIN, WANG KANLIANG. Developing user loyalty

for social networking sites: a relational perspective [J]. Journal of Electronic Commerce Research, 2016, 17 (1): 1-21.

[209] RAD A A, BENYOUCEF A MORAD. A model for understanding social commerce [C]. Conference on Information Systems Applied Research, Nashville Tennessee, USA, 2011. 4 (2): 63-73.

[210] SAMI HYRYNSALMI, MARKO SEPPANENB, ARHO SUOMINEN. Sources of value in applicationecosystems[J]. Journal of Systems and Software, 2014, 96: 61-72.

[211] SANG JIB KWON, EUNIL PARK, KI JOON KIM. What drives successful social networkingservices—a comparative analysis of user acceptance of Facebook and Twitter[J]. SocialSciences Journal, 2014, 51 (4): 534-544.

[212] STERN G S, MCCANTS T R, PETTINE P W. The relative contribution of controllable and uncontrollable life events to stress and illness. Personality and Social Psychology Bulletin, 1982, 8: 140-145.

[213] SLOVIC P. The construction of preference [J]. American Psychologist, 1995, 50 (5): 364-371.

[214] SLOMAN S A. The empirical case for two systems of reasoning [J]. Psychological Bulletin, 1996, 119: 3-22.

[215] SHIN D H. User experience in social commerce: in friends we trust[J]. Behaviour and Information Technology, 2013, 32 (1): 52-67.

[216] SHANG SHARI S C, SIE YI JHEN, WU YA LING. Generating consumer resonance for purchase intention on social network sites[J]. The Role of Computer in Human Behavior, 2017, 69: 18-28.

[217] SINHA L, SARBO DE W S. An integrated approach toward the spatial modeling of perceived customer value[J]. Journal of Marketing Research, 1998, 35 (2): 236-251.

[218] SMITH. D. N. Trust me, would I steer you wrong? The influence of peer recommendations within virtual communities. [D]. University of Illinois at Chicago, 2002.

[219] SUSAN M. Mudambi D S. What makes a helpful online review? A

Study of Customer Reviews on Amazon. com [J]. MIS Quarterly, 2010, 34 (1): 185-200.

[220] SUN YONGQIANG, WANG NAN, SHEN XIAO-LIANG, et al. Location information disclosure in location-based social network services: privacy calculus, benefit structure, andgender ifferences[J]. Computers in Human Behavior, 2015, 52: 278-292.

[221] STANOVICH K E, WEST R F. Individual differences in reasoning: implications for the rationality debate [J]. Behavioral and Brain Sciences, 2000, 23 (5): 645-726.

[222] TIAGO OLIVEIRA, MATILDE ALHINHO, PAULO RITA, et al. Modelling and testing consumer trust dimensions in e-commerce[J]. Computers in Human Behavior, 2017, 71: 153-164.

[223] TVERSKY AMOS, KAHNEMAN DANIEL. Judgment under uncertainty: heuristics and biases [J]. Science, 1974, 185 (4157): 1124-1131.

[224] VENDEMID MEGAN A. When do consumers buy the company? Perceptions of interactivity in company-consumer interactions on social networking sites [J]. Computers in Human Behavior, 2017, 71: 99-109.

[225] WANG JYUN CHENG, CHANG CHING HUI. How online social ties and product-related risks influence purchase intentions: a Facebook experiment[J]. Electronic Commerce Research and Applications, 2013, 12 (5): 337-346.

[226] WANG YAN, LI LEI, LIU GUANFENG. Social context-aware trust inference for trust enhancement in social network based recommendations on service providers [J]. World Wide Web-internet and Web Information Systems, 2015, 18 (1): 159-184.

[227] WANG C, ZHANG P. The evolution of social commerce: the people, management, technology, and information dimensions [J]. Communications of the Association for Information Systems, 2012, 31 (1): 105-127.

[228] WANG YICHUAN, YU CHIAHUI. Social interaction-based

consumer decision-making modelin social commerce: the role of word of mouth and observational learning [J]. International Journal of Information Management, 2015, 37: 91-102.

[229] WILLIAMSON O E. Calculativeness, trust and economic organization. Journal of Law and Economics, 1993, 36: 453-486.

[230] WIM DE NEYS. Dual processing in reasoning: two systems but one reasoner [J]. Psychological Science, 2006, 17 (5): 428-433.

[231] WOODRUFF, R B. Customer value: the next source for competitive advantage [J]. Journal of the Academy of Marketing Science, 1997, 25 (2): 139-153.

[232] WU LE HONG, RICHANG, WANG MENG, et al. Modeling the evolution of users' preferences and social links in social networking services[J]. IEEE Transactions on Knowledge and Data Engineering, 2017, 29 (6): 1240-1253.

[233] YOON CHEOLHO, ROLLAND ERIK. Understanding continuance use in social networking services[J]. Journal of Computer Information Systems, 2015, 55 (2): 1-8.

[234] YEE DUCHENEAUT N, NICKELL N E, MOORE R J. "Alone together?": exploring the social dynamics of massively multiplayer online games[J]. Conference on Human Factors in Computing Systems, 2006, 1: 407-416.

[235] ZEITHAML V A, Consumer perceptions of price, quality, and value: a means-end model and synthesis of evidence [J]. Journal of Marketing, 1988, 52: 2-21

[236] ZHENG X, ZHU S, LIN Z. Capturing the essence of word-of-mouth for social commerce: assessing the quality of online e-commerce reviews by a semi-supervised approach [J]. Decision Support Systems, 2013, 56 (1): 211-222.

[237] ZHANG KEM Z K, BENYOUCEF MORAD. Consumer behavior in social commerce: a literature review[J]. Decision Support Systems, 2016, 86: 95-108.

[238] ZHANG HONG, LU YAOBIN, GUPTA SUMEET, et al. What

motivates customers to participate in social commerce? The impact of technological environments and virtual customer experiences[J]. Information and Management, 2014, 51 (8): 1017-1030.

[239] ZHANG KEM Z K, Benyouce Morad F. Consumer behavior in social commerce: a literature review[J]. Decision Support Systems, 2016, 86: 95-108.

[240] ZUCKER L G. Production of trust: institutional of the economic structure, 1840-1920 [J]. Research in Organizational Behavior, 1986, 8 (2): 53-111.

后 记

本书是在我的博士论文基础上适当修改完成的。

回首攻读博士学位四年，求学过程中遇到的困难都在一个个苦熬的深夜里得到解决，期间所承受的各种来自工作和生活的压力也让我的心理素质得到了锻炼。这些经历让我养成了系统性和逻辑性的理性思维，对待事物也有了自己独立的思考。之后，更大的平台使我的心胸和视野更加开阔，对人生也有了长远的目标与规划。

我深知所有的这些成长，都离不开我的老师、同学、朋友以及家人对我的关心与支持。首先，要特别感谢导师谭书敏老师。在我攻读"管理科学与工程"专业博士学位期间，导师给予了我悉心指导和谆谆教诲。这篇论文从选题到撰写、从结构到内容、从思路到方法，都倾注了老师的心血与辛劳。

其次，要感谢培养我的每一位老师。感谢唐小我老师、许玖平老师、王迎川老师、李璞老师、淳伟德老师、李志刚老师、王丽英老师、段成老师、黄寰老师、王宇老师，感谢他们兢兢业业、毫无保留地为我授课。感谢匡建超老师、郭科老师、张惠琴老师、周仲礼老师、余海洋老师、许必才老师、陈旭东老师，感谢他们在我的论文开题和写作过程中给予的宝贵建议。感谢负责研究生日常管理的崔勇老师、李兴桥老师，感谢他们辛勤的付出。同时，感谢我的同学和朋友们，感谢他们在我的研究遇到瓶颈时给予的鼓励和启发。

还要由衷地感谢我的父母。是他们用无私和博大的爱抚育了我，教我为人处世的原则和做人的道理，而且永远坚定地站在我身后。本书的出版也算是向他们做一次阶段性的成绩汇报吧！谁言寸草心，报得三春晖。还要好好感谢我的爱人魏雅婷女士。在我读博士学位期间，是她给予了我理解和鼓励，而且在我意志低落的时候也是她一直在我身边默默支持，陪我一起度过了许多坎坷，帮助我顺利完成了博士论文工作。更值得庆幸的是，本书完成之时正是我小儿子出生之日，这也算是送给他的第一份礼物吧！还要感谢我的岳父岳母在我当初是否读博士学位问题上给予的坚定支持。

　　还要感谢我的工作单位成都航空职业技术学院的领导和同事们，感谢他们对我考取博士以及攻读博士学位期间给予的全力支持与鼓励。祝愿成都航院的专业建设更上一个台阶，学校的全面发展获得更喜人的成绩。

　　四年的博士生活转瞬即逝，回首几年来的点点滴滴，有太多的感动和回忆，这段经历将是我一生中最宝贵的财富。最后，再次向所有曾经帮助过我的老师、领导、同学和亲朋表示感谢。

尹成鑫

2019 年 8 月于成都航空职业技术学院